GUIA**ESPIRAL**

REPÚBLICA DOMINICANA

PUBLIFOLHA

Sumário

ISBN 978-85-7914-110-2

PUBLIFOLHA
Divisão de Publicações do Grupo Folha
Al. Barão de Limeira, 401, 6º andar, CEP 01202-900, São Paulo, SP
Tel.: (11) 3224-2186/2187/2197
www.publifolha.com.br

COORDENAÇÃO DO PROJETO: PUBLIFOLHA
Editora-assistente: Nina Bandeira
Coordenação de produção gráfica: Soraia Pauli Scarpa
Produção gráfica: Mariana Metidieri

PRODUÇÃO EDITORIAL: Editora Página Viva
Tradução: Luis Reyes Gil
Edição: Ibraíma Dafonte Tavares
Revisão: Elisa Elias, Paola Morsello
Direção de arte: Priscylla Cabral
Assistência de arte: Bianca Galante

AA TRAVEL GUIDES
Texto: Ron Emmons
Atualização: Lindsay Bennett
Edição: Pam Stagg
Coordenação: Bookwork Creative Associates

Impresso na Leo Paper Products Ltd, China.

Dados Internacionais de Catalogação na Publicação (CIP)
(Câmara Brasileira do Livro, SP, Brasil)

República Dominicana / AA Publishing ;
[traduzido por Luis Reyes Gil]. – São Paulo :
Publifolha, 2010. – (Spiral Guide).

Título original: Spiral Guide Dominican Republic.
ISBN 978-85-7914-110-2

1. República Dominicana - Descrição e viagens - Guias I. AA Publishing.
II. Série.

09-08289 CDD-919.7293

Índices para catálogo sistemático:
1. Guias de viagem : República Dominicana 919.7293
2. República Dominicana : Guias de viagem 919.7293

A grafia deste livro segue as regras do **Novo Acordo Ortográfico da Língua Portuguesa**.

Foi feito o possível para garantir que as informações deste livro fossem as mais atualizadas disponíveis até o momento da impressão. No entanto, alguns dados como telefones, preços, horários de funcionamento e informações de viagem estão sujeitos a mudanças. Os editores não podem se responsabilizar por qualquer consequência do uso deste guia, nem garantir a validade das informações contidas nos sites indicados.

Os leitores interessados em fazer sugestões ou comunicar eventuais correções podem escrever para a Publifolha, Al. Barão de Limeira, 401, 6º andar, CEP 01202-900, São Paulo, SP, enviar um fax para: (11) 3224-2103 ou um e-mail para: atendimento@publifolha.com.br

Fique por Dentro

A Diversidade Dominicana

Basta dar uma rápida olhada no povo da República Dominicana para ver que se trata de uma nação de grande diversidade racial. Na verdade, a história do país é uma sequência impressionante de conquistas e rebeliões, e alguns dos seus principais eventos são descritos a seguir.

Inscrições tainas nas cavernas de Las Caritas

O Povo Amistoso

Os primeiros habitantes conhecidos do país, os **tainos**, chegaram por volta de 800 d.C. em longas canoas de sua terra ancestral no delta do Orinoco, hoje parte da Venezuela.

Eles chamaram seu novo lar de *ayiti*, que significa "terra das montanhas", o que originou o nome Haiti. Os tainos, palavra que significa "povo amistoso", tinham uma estrutura social sofisticada. Viviam em comunidades com cerca de 1.000-2.000 pessoas no litoral ou junto aos rios, sob a liderança de um cacique, que podia tanto ser homem como mulher. Seu legado persiste hoje apenas sob a forma de desenhos e inscrições rupestres em cavernas por todo o país e em alguns artefatos cerimoniais expostos em museus.

A Conquista Hispânica

Quando Cristóvão Colombo avistou o litoral norte da ilha que ele iria batizar como Hispaniola, em dezembro de 1492, ele observou que era "cheio de árvores de milhares de espécies, altas a ponto de

A língua dos tainos

O "povo amistoso" foi dizimado, mas algumas de suas palavras sobreviveram, incorporadas ao idioma espanhol e, mais tarde, a outras línguas. Das que chegaram ao português, destacam-se *tabaco* (gerou também "tobacco", em inglês), *canoa* (também "canoe", em inglês), *huracán* ("furacão" e, em inglês, "hurricane") e *maíz* ("maís", um tipo de milho, em português, e "maize", que em inglês, assim como "corn", também significa milho). Há ainda palavras tainas que chegaram ao inglês, mas não ao português, a exemplo de *barbacoa* (trançado de paus verdes sobre o qual os índios assavam carne, que originou "barbecue", com o significado de grelha e depois, por extensão, de churrasco).

parecer chegar até o céu". Ele criou um assentamento em La Navidad, no atual Haiti, mas mais tarde mudou-se para La Isabela, a leste, perto de Puerto Plata. Nenhum desses assentamentos vingou, mas, em 1496, Bartolomeu, irmão de Cristóvão, levou os poucos colonos que restaram para o sul e fundou La Nueva Isabela, atual Santo Domingo, capital do país. Os tainos devem ter ficado chocados em seu primeiro encontro com estes visitantes. Os amistosos nativos ajudaram a trazer até a praia um navio espanhol naufragado, e em troca foram obrigados a se submeter às ordens dos espanhóis. Entre elas, a de encontrar ouro. Quando este não aparecia, o humor dos invasores ficava pior ainda. Os tainos eram massacrados aleatoriamente, e em poucas décadas, foram dizimados, tanto pelas condições de escravidão como por doenças europeias como a varíola. Depois que os espanhóis fundaram sua base nas Américas, eles logo passaram à colonização da Jamaica, de Cuba, de Porto Rico e do México.

Chefes tainos dão as boas-vindas a Cristóvão Colombo

Chefe local, Enriquillo liderou uma revolta contra os espanhóis em 1519

O Museo del Hombre Dominicano, em Santo Domingo, guarda muitos objetos pré-colombianos

a frota espanhola antes da viagem de volta para a Espanha, Hispaniola virou uma cidade secundária dentro do crescente império espanhol, e a pirataria se disseminou.

A Independência

Santo Domingo definhou, e no século 18 sua população caiu para menos de 10 mil habitantes. Mas na segunda metade daquele século chegaram muitos imigrantes das ilhas Canárias, além de escravos da África, e os setores de açúcar e tabaco começaram a dar lucro. Em 1804, uma surpreendente guinada no curso dos acontecimentos levou o vizinho Haiti a se desligar da França e a se tornar a primeira república negra independente do mundo. A partir de 1822, o Haiti ocupou seu vizinho por 22 anos, até 27 de fevereiro de 1844, quando, após uma longa luta pela independência, nasceu finalmente a República Dominicana.

Piratas do Caribe

Como os espanhóis não conseguiam policiar o vasto oceano, não demoraram a aparecer navios de piratas no horizonte atacando os galeões carregados com os preciosos tesouros saqueados do Peru e do México (➤ 16). Em meados do século 16, quando Havana tomou o lugar de Santo Domingo como o porto mais conveniente para reunir

Heróis dominicanos: Duarte, Sanchez e Mella na Puerta El Conde

Um País à Venda

Dois dos principais *caudillos*, ou ditadores, da República Dominicana depois de 1844 foram Pedro Santana e Buenaventura Baez, que pareciam se revezar em dar golpes militares e exilar um ao outro. No final, Santana fez um pedido de anexação à Espanha, que foi aceito em 1861 mas recusado às pressas em 1865 devido a um surto devastador de febre amarela. Isso mergulhou a República Dominicana de novo no caos, e, num gesto ousado, em 1869 Baez vendeu o país inteiro por US$150 mil ao presidente americano Ulysses S. Grant. Se o Congresso não houvesse rejeitado o negócio, a República Dominicana seria hoje parte dos Estados Unidos.

Objeto pré-colombiano feito de osso

Duas jovens dominicanas em trajes típicos

A Era do Bode

Conhecido como *El Jefe* (o chefe), *El Benefactor* (o benfeitor), *El Generalísimo* (o grande general) e *El Chivo* (o bode), Rafael Leonidas Trujillo saiu da condição de autor de crimes menores para se tornar um dos mais cruéis ditadores que o mundo já conheceu. De 1930 a 1961 ele tiranizou o país, assumiu o controle das fazendas de açúcar e de gado e de outros negócios a seu bel-prazer. Ele desenvolveu a reputação de homem que nunca dormia, nunca transpirava e nunca tinha uma dobra em seu uniforme, e que eliminava na hora qualquer pessoa que se opusesse a ele. Em um único incidente, Trujillo massacrou cerca de 20 mil haitianos que trabalhavam no país.

Como parte do culto à própria imagem, ele trocou o nome de Santo Domingo para Ciudad Trujillo. Devido à sua orientação anticomunista, recebeu sempre o apoio do governo dos EUA, mas sua sorte acabou mudando, e ele foi assassinado numa perseguição de carros em alta velocidade quando voltava de Santo Domingo para sua casa em San Cristóbal, tarde da noite. O carro perseguidor usado nesse feito ousado, todo perfurado por balas de retaliação, está hoje exposto no Museu de História e Geografia, na Plaza de la Cultura, em Santo Domingo.

O falecido ditador Rafael Leonidas Trujillo

O Grande Ditador

No século 19, subiu ao poder o ditador militar Ulises Heureaux, mas após seu assassinato, em 1899, o país ficou à beira da guerra civil. Isso despertou a preocupação dos americanos com a segurança da região, e eles acabaram ocupando a República Dominicana em 1916 e administrando o país por meio de sua marinha até 1924. Nesse período foram feitas melhorias no sistema educacional e construídas várias estradas. Mas os EUA também treinaram uma repressora força policial nacional, de cujas fileiras saiu um certo general Trujillo *(acima)*, que usaria esse treinamento de maneira devastadora durante os 30 anos em que esteve no poder.

Gosto de Democracia

Trujillo foi sucedido por Joaquín Balaguer, que ele considerava adequado ao cargo. Balaguer não se mostrou muito diferente do antecessor, e por meio de fraudes eleitorais e violência contra a oposição continuou no poder de modo intermitente até 1996. Nesse ano, o país teve suas primeiras eleições livres, e Leonel Fernández foi eleito presidente. Ele foi seguido por Hipólito Mejia em 2000, mas voltou ao poder em 2004. Seu mandato, porém, vem sendo questionado por acusações de corrupção.

POVO FESTEIRO

A maioria dos dominicanos não precisa ouvir duas vezes o convite para comemorar algo, e o país tem um grande número de festas ao longo do ano. Em geral, são *fiestas patronales*, ou festas dos santos padroeiros (➤ 13), quando cada uma das cidades do país tem a oportunidade de celebrar seu santo durante uma semana inteira. As maiores festas são a do **Carnaval** (fevereiro) e o **Festival do Merengue** de Santo Domingo (julho), mas há muitas outras, como as que sugerimos a seguir.

Janeiro

• 1 – **Festa do Cocolo**, San Pedro de Macorís. Em trajes excêntricos, os participantes, chamados de "mascarados", dançam pelas ruas.

• 21 – **Virgen de Altagracia**, Higüey. A festa religiosa mais importante do país é a da padroeira e atrai romeiros de toda a República Dominicana, que se juntam nas procissões e oferecem orações à Virgem.

• 26 – **Dia de Duarte**, no país inteiro (celebrado na segunda-feira mais próxima a esta data). Festa em memória a Juan Pablo Duarte, artífice da independência, em 1844, e um dos fundadores da República Dominicana.

Fevereiro

• **Todo Domingo** – Carnaval, no país inteiro. Todo mundo veste roupas e fantasias coloridas e sai correndo batendo na cabeça dos outros com bexigas de porco por pura diversão. As celebrações em La Vega são as mais animadas.

• 27 – **Dia da Independência**, no país inteiro. Coincidindo com o auge do Carnaval, o Dia da Independência é

marcado por um desfile militar e reencenações em Santo Domingo.

Março/Abril

• A **Semana Santa** é festejada em todo o país. As festividades cristãs coincidem com uma importante celebração vodu. Desfiles e procissões de ambas ocorrem por todo o país.

Junho

• Primeira Semana – **Festival Cultural de Puerto Plata**. Músicos de blues, jazz e música folclórica tocam e as pessoas dançam no Malecón, enquanto uma feira de arte e artesanato é realizada em volta do Parque Central.

• Terceira Semana – **Semana de Corrida em Cabarete**. Corridas de kitesurfe e windsurfe com prêmios na Playa Encuentro, a oeste de Cabarete, que tem vento e ondas no ponto ideal.

• 23 – **Festa de Saradunga**, Baní. Ritual afro-católico com dança em estilo africano ao som das *tamboras*.

• 29 – **Festa de San Pedro**, San Pedro de Macorís. Danças folclóricas com mascarados em trajes típicos, similar à festa de 1º de janeiro.

• **Festival de Música Latina** (sem data fixa). Evento de três dias no Estádio Olímpico de Santo Domingo.

Julho

• **Festival do Merengue** Santo Domingo (e também Boca Chica). Na terceira e quarta semanas de julho, o Malecón fica toda noite cheio de gente dançando ao som do merengue, a música favorita do país (➤ 20).

Agosto

• 16 – **Dia da Restauração**, no país inteiro. Assinalando a declaração de guerra contra a ocupação espanhola de

À esquerda: espetacular máscara de carnaval

Abaixo: coletes salva-vidas elaborados são desfilados nas grandes cidades

1863, este minicarnaval tem carros alegóricos, trajes vistosos e, é claro, muita música e dança.

Outubro

• Primeira Semana – **Festival de Jazz**, em Sosúa e Cabarete. Para não ficar atrás de Puerto Plata, estas cidades do litoral norte abrigam um festival anual de jazz com artistas internacionais.

• Terceira Semana – **Festival de Merengue de Puerto Plata**. Não contente com seu Festival de Cultura, em junho, Puerto Plata tenta superar a capital com um festival de merengue.

Dezembro

• 25 – **Natal**, no país inteiro. Como a grande maioria dos dominicanos é católica, o Natal é uma das festas mais importantes do ano: as famílias trocam presentes e comem uma refeição especial.

• 31 – **Véspera de Ano-Novo**, no país inteiro. O fim de ano dá aos dominicanos mais uma oportunidade de festejar a noite toda, em clubes, bares e nas casas.

Abaixo: desfile militar no Dia da Independência em Santo Domingo

Embaixo: mulheres aproveitam a *fiesta patronal*, do santo padroeiro local

Festas dos Padroeiros

Todas as cidades do país têm seu santo padroeiro, e em determinada data do ano seus habitantes celebram a *fiesta patronal* (festa do padroeiro) com desfiles pelas ruas. O grande dia é precedido por *novenas*, nove noites de tambores e cantos. A música africana se combina com imagens católicas. Este sincretismo, que mistura crenças diferentes, é tipicamente dominicano, e vem desde os dias em que os escravos associaram seus deuses aos santos católicos de seus patrões, cultuando ambos. Se você tiver a sorte de deparar com alguma dessas festas, poderá apreciar a poderosa mistura que essas influências exercem na cultura da República Dominicana.

O Melhor da República Dominicana

O Melhor da Comida

Le Patio, em Santo Domingo (➤ 62), serve comida deliciosa. Você vai querer repetir.

O Melhor da Dança

Em qualquer uma das casas noturnas ao longo do **Malecón**, em Santo Domingo (➤ 64), ou nas próprias ruas durante as festas.

As Melhores Praias

A **Playa Rincón** (➤ 93-94) e a **Playa Bonita** (➤ 95), ambas na península de Samaná. Imagine uma baía de água cor turquesa, cristalina, rodeada por areia branca e altas palmeiras. Pois é melhor ainda do que você imagina.

O Melhor Passeio

(de barco)… observar baleias na **Bahía de Samaná** (➤ 90-92).
(de rafting de rio)… descer o **Rio Yaque del Norte**, em Jarabacoa (➤ 148).
(a cavalo)… até o **Salto El Limón**, na península de Samaná (➤ 161).
(de veículo 4x4)… de **Jarabacoa** a **Constanza**, ou vice--versa (➤ 168-170).

A Melhor Caminhada

A trilha de pelo menos três dias até o alto do **Pico Duarte**, a 3.087m de altitude, o ponto mais alto do Caribe (➤ 170). É preciso estar em boa forma para isso, mas as vistas magnífi-

No alto, no centro: a deliciosa Playa Rincón

Acima: dançarinas de merengue se divertem no Malecón

À esquerda: caminhada até o topo do pico Duarte

cas que o local oferece são uma experiência inesquecível.

Vista Mais Romântica

Apreciar o pôr do sol andando a cavalo pela **Playa Bonita**, na península de Samaná (➤ 95).

Se Você Visitar Apenas

... um museu de Santo Domingo, escolha o **Museo de las Casas Reales** (➤ 49). A recriação feita aqui da corte real mostra de que maneira viviam os emissários espanhóis em Santo Domingo, como se fossem verdadeiros reis.

... uma igreja ou catedral no país, escolha a **Catedral de Santa María la Menor**, em Santo Domingo (➤ 46-47). O edifício histórico mais importante do país é embelezado por ornamentos esculpidos e por uma rica decoração.

...um recife de coral, vá até o **Cayo Paraíso**, perto de Punta Rucia, no norte (➤ 76-77). Os peixes multicoloridos e os labirintos de coral criam um maravilhoso paraíso para os aficionados do mergulho.

...um parque nacional, faça com que seja o **Armando Bermúdez**, na Cordillera Central, com belas trilhas e muitas aves.

Melhor Opção Fora do Comum

Las Galeras, no extremo nordeste da península de Samaná (➤ 96), e Las Salinas, no litoral sudoeste perto de Baní (➤ 128). São pontos ideais para fugir dos turistas.

No alto, à direita: rafting no rio Yaque del Norte

Acima: a magnífica Catedral de Santa María la Menor

Piratas e Bucaneiros de Hispaniola

No século 16, conforme a conquista hispânica se consolidava, pequenos grupos de homens ousados começaram a atacar os galeões espanhóis que voltavam para a Europa. Esses piratas, corsários e bucaneiros não se submetiam a nenhuma autoridade e durante décadas aterrorizaram a região compreendida entre o norte da América do Sul e as ilhas do Caribe.

Os corsários diferiam dos piratas apenas pelo fato de terem todo o apoio de seu governo. O termo "bucaneiros" vem do francês *boucan*, uma armação para defumar usada por bandos de ingleses e franceses que caçavam touros selvagens no litoral norte de Hispaniola.

Com barcos leves e pequenos, mais rápidos que os pesados galeões, os bucaneiros atacavam suas vítimas de surpresa, matavam ou sequestravam toda a tripulação e roubavam a carga. Seu número foi crescendo, e em meados do século 17 eles haviam estabelecido

Sir Francis Drake corsário inglês

Galeão espanhol é abordado em alto-mar

uma base segura na ilha de Tortuga, junto à costa noroeste de Hispaniola.

Pinta-se às vezes uma imagem romanceada de piratas e bucaneiros como guerreiros livres do alto-mar, mas na realidade eles eram terroristas do século 16 que se compraziam em inventar torturas medonhas para suas vítimas, como assá-las vivas no espeto. Os espanhóis atacaram várias vezes a base dos bucaneiros em Tortuga, e por fim essa comunidade nociva se dispersou na década de 1670, embora os ataques tenham continuado a ameaçar a região por mais um século.

Entre os piratas que agiam em volta de Hispaniola estavam os ingleses Willy Simmons, Jack Banister e John Rackham, além de Roberto Cofresi, da vizinha Porto Rico. Mas talvez o mais famoso deles tenha sido o corsário **Francis Drake**, que em 1586 entrou no porto de Santo Domingo com vinte navios sem encontrar resistência. A frota ancorou e tomou a cidade, ficando um mês numa orgia de pilhagens e destruição, antes de partir com os porões lotados do seu saque.

Embora você não vá mais ver hoje bandeiras negras de piratas tremulando na costa da República Dominicana, ainda há bastante pirataria no país. Só que a moderna pirataria não envolve mais lutas de sabre no convés de um galeão, e sim transgressões menos violentas, como vender CDs piratas nas ruas de Santo Domingo.

Relaxar e Curtir

O rum e os charutos do Caribe são os melhores do mundo – e, entre os países caribenhos, a República Dominicana é famosa pela alta qualidade de ambos. Suas três principais marcas de rum brigam pelo primeiro lugar no mercado regional, e os charutos dominicanos são exportados para o mundo inteiro.

Brugal, maior produtor de rum do país

Rum – Um Subproduto Lucrativo

Se a descoberta do rum tivesse resultado de um longo e complexo processo de alquimia, ainda seria uma grande conquista, mas o fato de essa bebida ser pouco mais que um subproduto do processo de cristalização do açúcar faz dele quase um milagre. O **melaço** que resulta desse processo é diluído e decantado por doze dias, antes de ser destilado e misturado. Por fim, é maturado em

Dicionário dos Amantes de Rum

Espanhol	*Português*
Ron	rum
Claro	claro
Dorado	dourado
Añejo	envelhecido
Cuba Libre	rum com Coca-cola
Coco Loco	rum com água de coco
Un Servicio	garrafa de rum com Coca-cola e gelo

Uma folha de tabaco é cortada e enrolada

barris de carvalho por um ano pelo menos.

Os três Bs – as empresas Brugal, Bermúdez e Barceló – disputam a liderança do mercado com a Brugal (simplesmente a patrocinadora das placas de estrada do país!) que ocupa hoje a dianteira. Mas para achar sua marca favorita, você terá de provar as versões clara, douradas e envelhecida de cada uma delas. A maioria mistura o rum com Coca-cola, e espreme um pouco de limão para dar um gostinho.

Charutos de Categoria

Os problemas de saúde ligados ao fumo tornaram esse hábito menos aceito socialmente no mundo todo, mas os charutos ainda são um índice de riqueza e luxo. Grandes exportadores de charutos do país incentivam essa imagem, e os férteis campos do vale do Cibao continuam a produzir essa planta de folhas grandes introduzidas pelos tainos.

Na verdade, desde a década de 1990 a República Dominicana é o **maior produtor mundial de charutos**, e visitar uma fábrica de charutos, em Santiago ou outra cidade, é sempre um ótimo programa de uma ou duas horas.

Se você acha que o processo de fabricação de charutos é simples, ficará surpreso ao visitar uma fábrica e ver quanto é complexo. As folhas são fermentadas e em seguida envelhecidas por **vários anos** antes de serem utilizadas. Um mestre tabaqueiro seleciona uma mescla de diferentes folhas para cada tipo de charuto, algumas para dar aroma, outras para dar gosto e outras apenas por sua taxa de combustão. Depois da primeira mistura, as folhas são prensadas por algumas horas e enroladas. A folha mais externa deve ser bem elástica, para ficar mais fácil enrolá-la. O charuto pode ser reto ou curvo, longo ou curto, fino ou grosso, conforme o estilo de fumar.

Tanto o rum como os charutos são bons presentes para levar para casa. Se estiver em dúvida quanto às marcas, peça uma caixa de charutos León Jiménez e uma garrafa de rum Brugal *añejo*.

Folhas de tabaco dependuradas para envelhecer

Dançando

Um dos aspectos mais fascinantes da República Dominicana é sua vibrante vida noturna. A maioria dos visitantes, quando volta para casa, leva na cabeça os sons do merengue e da *bachata*, os dois ritmos locais obrigatórios, que ninguém consegue ouvir sem sair logo dançando.

Tanto para quem fica num resort com todas as comodidades, como para quem viaja por conta própria, um dos aspectos da cultura do país do qual é impossível escapar é o som do merengue e da *bachata*. As canções estão no rádio e na tevê, nas casas noturnas e nos bares de todo o país – quase sempre em alto volume – e atestam o otimismo de seu povo.

O Que é o Merengue?

Merengue é um ritmo latino com apenas dois tempos por compasso, o que o torna fácil de dançar, mas com muitas síncopas (deslocamentos do acento rítmico para as partes fracas do tempo) e improvisação, o que permite aos músicos e a quem dança brincar e variar muito em suas evoluções. Cada música tem três partes básicas – o *paseo*, no qual os casais vão até a pista e começam a seguir o ritmo; o *merengue*, ou a melodia; e finalmente o *jaleo*, uma interação do tipo chamada-e-resposta entre o artista e a plateia. Alguns casais dançam juntos a música inteira, enquanto outros gostam de fazer cada um os seus passos.

Origem Obscura

Não se conhece bem a origem do merengue. Alguns acham que ele nasceu após a independência do

na RD

Haiti, em 1844, pois uma das primeiras canções de merengue que se conhece é sobre um desertor de uma batalha. Para outros ele se baseia em uma forma musical chamada *upa*, de Cuba. Seja como for, ele era malvisto pela alta sociedade dominicana de meados do século 19 por ser um ritmo africano e ter letras lascivas e sugestivos movimentos de quadris. Mas na época a maioria da população vivia na área rural, e as canções merengue eram muito populares. Havia muitas variações regionais, das quais a *perico ripao*, de Santiago, se tornou a mais influente, talvez porque o vale do Cibao fosse então a principal fonte de riqueza do país.

Um Truque Eleitoral Esperto

O merengue continuou marginalizado pelos líderes do país até Rafael Trujillo assumir o poder, em 1930. Mesmo não hesitando em eliminar cruelmente seus opositores e em fraudar eleições, ele precisava manter a popularidade entre a camada rural, por isso seus apoiadores foram instruídos a liberar os shows de merengue das grandes bandas da época. Em 1936 ele decretou que o merengue era a música oficial do país, e pelos 25 anos seguintes o povo teve que dançar ouvindo canções que elogiavam *El Jefe*. Mas meses após seu assassinato, o sucesso da hora era *La Muerte del Chivo* (▶ 10).

Grandes Merengueros

A segunda metade do século 20 trouxe uma revolução nas comunicações globais, e de repente a República Dominicana se abriu a influências musicais do exterior, enquanto sua música ficava famosa também no exterior. Os líderes de orquestra **Johnny Ventura** e **Wilfrido Vargas** foram os ícones do merengue nas décadas de 1970 e 1980, dando à seção de

No alto, à esquerda: músico experimenta corneta numa loja

No alto: alegre banda de cantores e dançarinos no Carnaval, Santo Domingo

Acima: maracas, sempre presentes no som da República Dominicana

Esquerda: dançando o merengue

Festival de Merengue no Malecón

São cerca de 22 horas numa noite quente de fim de julho e o Malecón de Santo Domingo está lotado de gente. Os carros andam mais devagar que os pedestres, que chegam às centenas no espaço ao ar livre onde é realizado o festival anual de merengue. O pequeno acesso à área do show fica cheio de bancas vendendo banana frita, espetinho de carne suína e bovina, refrigerantes, cerveja e rum.

Uma animada multidão de moradores e turistas encantados se reúne em frente ao palco e depois chega mais perto quando Los Hermanos Rosario, os astros da noite, aparecem. Assim que eles começam seu show, que inclui alguns passos de dança muito bem sincronizados, todos começam a se mexer na batida do merengue. A maioria tem entre 20 e 30 anos de idade, mas também tem muita gente mais velha e crianças balançando no ritmo da música. As moças locais requebram com graça e há muitos rapazes apreciando de perto, bem arrumados e esperando atrair sua atenção. A cena se repete toda noite durante duas semanas, dando à capital a sua dose anual de terapia do merengue.

Dançarinas fazem um merecido intervalo de descanso

metais um papel destacado e incorporando elementos do soul, da disco e do funk. Mas os tempos mudaram, e na década de 1990 **Juan Luis Guerra** eclipsou os esforços da geração anterior, não só como grande *merenguero*, mas divulgando o som da *bachata*, desacreditado até então.

Canções Amargas, Agora Mais Doces

Como no merengue, as canções *bachata* (literalmente, "canções amargas") existem há muito tempo – como música folclórica dos despossuídos, uma espécie de blues dominicano com um som anasalado de violão. Como o merengue, ele nunca foi aceito pela grande mídia, até que Juan Luis Guerra gravou seu sucesso *Bachata rosa*, em meados da década de 1990. Quase da noite para o dia, a *bachata* passou de música mal aceita socialmente para um novo som aclamado em todo o mundo. Nos anos seguintes, os músicos passaram a fundir os dois estilos numa espécie de *merenguechata* ou *bachatarengue* muito boa de ouvir – batida pulsante, violão de timbre agudo e vocais vigorosos.

Acima: não se dança só merengue e *bachata* no país – há outros estilos mais clássicos

À esquerda: o balanço do merengue

Abaixo: o saxofone dá uma sonoridade mais moderna ao merengue

Instrumentos do Merengue

Em outros tempos, os principais instrumentos usados por um grupo de merengue eram a *güira* (um cilindro de metal perfurado que é esfregado para produzir um som); a *tambora* (tambor pequeno em estilo africano); e um tipo local de violão. Na década de 1870, o violão foi substituído pelo acordeão, trazido para a ilha pelos alemães que trabalhavam na indústria do tabaco. Embora o acordeão dê ao merengue sua sonoridade característica, os grupos hoje adoram incluir saxofones, trompetes, trombones, baixo elétrico, piano digital e uma série de instrumentos de percussão.

A Cozinha Dominicana

Como ocorre com seu povo e sua música, a culinária da República Dominicana é diversificada e mostra influências tainas, africanas e espanholas. O resultado é uma estimulante mistura de grãos, carnes e legumes, geralmente temperados com molhos muitos saborosos.

Comer a Bandeira

O prato mais típico e comum do país é o ***bandera dominicana***. O vermelho e o branco são representados por feijão e arroz, e, embora ele não tenha azul, é um prato atraente e nutritivo, acompanhado em geral por banana frita, frango ou carne de porco e salada. Outras especialidades dominicanas são o ***chivo guisado***, ou cozido de bode, e o ***sancocho***, uma sopa feita com pelo menos cinco tipos de carne, raízes diversas e muitos legumes. Outros dois pratos populares são o ***mofongo*** e o ***mondongo***, o primeiro uma mistura de banana, torresmo e alho; o segundo um cozido de miúdos. Se tiver estômago mais sensível, tome cuidado para não exagerar na quantidade e nas misturas!

Acima: tomates e pimentões, essenciais na *cocina dominicana*

À esquerda: anúncio de cerveja

Frutos do Mar e Frango

Como seria de esperar em uma ilha do Caribe, os frutos do mar são excelentes e comparecem em vários pratos. Prove *camarones* (camarões), *cangrejo* (caranguejo), *mero* (perca); se quiser algo diferente, peça *lambi* (molusco). Apesar de toda essa variedade, nada se compara à popularidade do frango no país, particularmente o frango frito, e há pontos de venda, os ***pica pollo***, até nas menores cidades, servindo a comida favorita da nação.

Lanches

Os dominicanos adoram fazer um lanche a qualquer hora do dia, e vende-se muita comida na rua que vale a pena provar. Uma das mais comuns é o *pastelito*, o nosso pastel de feira, com recheio de carne ou queijo. Em geral, esse recheio é misturado com cebola, tomate e azeitonas, e às vezes com nozes picadas e uva-passa, antes de se fritar o pastel. Há também as empanadas, feitas de farinha de iúca.

Frutas e Bebidas

Um dos prazeres de estar num país tropical como a República Dominicana é a fantástica variedade de ***frutas***. Além das mais fáceis de encontrar, como banana, laranja e abacaxi, há diferentes espécies de manga e mamão, além de outras incomuns como os *limoncillos*, pequenas frutas em forma de limão com uma polpa refrescante. No que se refere a bebidas, nem pense em sair do país sem ter experimentado pelo menos uma ***batida*** (frutas com bebida alcoólica), uma ***cuba-libre*** (rum com Coca-cola) e uma xícara do café local.

Acima: suco de laranja, uma delícia tropical

Abaixo: churrasco à beira da praia

À esquerda: travessa de frutos do mar

Âmbar: A Resina Preciosa

A República Dominicana é uma das maiores fontes mundiais de âmbar, a resina fossilizada da árvore *Hymenaea protera*, extinta há 25 milhões de anos. O âmbar é apreciado por sua cor de mel, embora a variedade dominicana também tenha tons de verde, vermelho e até azul, este bastante raro. O âmbar da República Dominicana tem fama de ser o melhor do mundo pelas cores, pela transparência e pela alta frequência de inclusões (pequenos animais, insetos ou folhas aprisionados na resina).

As minas de âmbar da República Dominicana ficam em La Cumbre, perto do litoral norte, na Cordillera Septentrional, a cadeia de montanhas entre Santiago e Puerto Plata. Elas foram parte da inspiração, além do cenário, para o filme *Parque dos dinossauros,* no qual cientistas conseguem recriar dinossauros a partir do DNA encontrado no sangue de um mosquito que ficara preso em âmbar. Os mais ligados conseguiram chamar atenção para o fato de que, embora o filme diga que o âmbar venha da República Dominicana, o âmbar mais antigo do país tem apenas 25 milhões de anos, enquanto os dinossauros foram extintos há 65 milhões de anos. Vale a pena visitar os museus do âmbar de Santo Domingo (➤ 54) e Puerto Plata (➤ 71-72), tanto para saber como se forma esta preciosa resina como para ver as singulares peças expostas. Esses são os melhores locais para comprar alguma peça de âmbar, embora elas sejam vendidas também em joalherias e lojas de suvenires por todo o país. Se pretende comprar, tome cuidado, pois há imitações muito boas feitas de plástico.

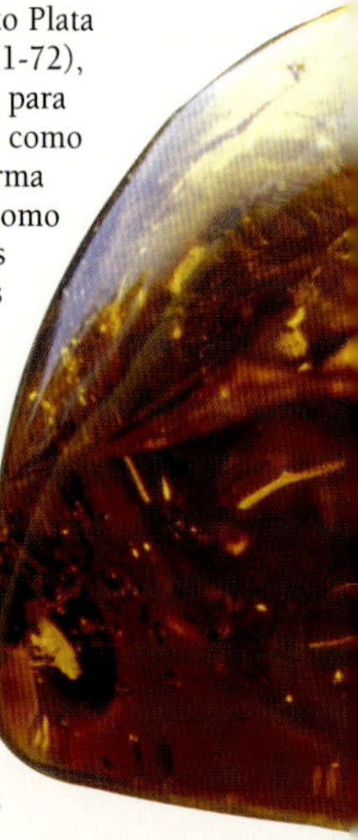

À esquerda: uma mostra de joias de âmbar da Everett Designs, Altos de Chavón

Abaixo: o âmbar dominicano, o melhor do mundo, é também o mais bonito

Na página oposta: é comum haver insetos e outros pequeno animais no âmbar

Âmbar Falso ou Verdadeiro?

Dois testes para saber se o âmbar é verdadeiro: ponha-o em água salgada e sob uma lâmpada fluorescente. O âmbar flutua na água salgada e o plástico afunda, e o brilho do âmbar muda na luz fluorescente, enquanto o do plástico fica inalterado.

O beisebol é de longe o esporte mais popular na República Dominicana, e desde que foi introduzido no país, no final do século 19, seus jogadores sempre demonstraram muito talento. Nada menos do que 10% dos jogadores da Liga Americana de Beisebol são dominicanos, entre eles o lendário...

Slammin' Sammy

A ***pelota*** (bola), como o jogo é conhecido na República Dominicana, era jogada primeiro nas fazendas de cana-de-açúcar, onde donos ofereciam um bastão e uma bola aos trabalhadores para que se distraíssem. A ocupação americana de 1916-24 aumentou a popularidade do jogo, e nasceram as primeiras equipes profissionais. Hoje existem dois times em Santo Domingo e outros em Santiago, San Pedro de Macorís e em La Romana.

Cerca de 60 jogadores dominicanos atuam hoje na liga principal de beisebol dos EUA e 500 na secundária, o que equivale a mais do que todos os jogadores de outros países da América Latina. Muitos, como Tony Peña, Pedro Martínez e Manny Ramírez, são nomes famosos nos EUA, mas o melhor jogador de todos foi Slammin' Sammy Sosa. Nascido em Consuelo, perto de San Pedro de Macorís,

À esquerda e acima: o Rei do Home Run, Sammy Sosa

Sammy vendia suco de frutas e engraxava sapatos para ajudar seus pais (e seis irmãos) a sobreviver. Nas folgas, jogava com os amigos, usando uma caixa de leite como luva, uma bola de meia e um galho como bastão. A virada se deu em 1989, quando foi jogar nos Texas Rangers. Conta-se que deu quase todo seu primeiro pagamento, de US$3.500, para a mãe.

Assistir a Um Jogo de Beisebol

Durante a temporada, de outubro a fevereiro, os jogos de beisebol atraem multidões de torcedores, e vale a pena assistir a uma das partidas, mesmo que você não seja fã do jogo. Muitas vezes elas viram festas improvisadas, com bandas de merengue tocando nos intervalos, vendedores dançando e apostas a cada jogada. Os ingressos (US$1-US$3) são vendidos na noite do jogo, e as informações sobre os próximos jogos saem no *Listin Diario*. O melhor lugar para assistir a uma partida de beisebol é provavelmente San Pedro de Macorís (➤ 108-109).

Sosa

Em 1992, Sosa foi transferido para o Chicago Cubs, e, embora não obtivesse sucesso imediato, estava destinado a se tornar um dos maiores pontuadores de todos os tempos. Em 1998, junto com Mark McGwire, ele superou o recorde de Roger Maris de 61 *home runs* numa temporada, que não era quebrado havia 37 anos. Depois, em 1999, de novo fez mais de 60, e foi o primeiro a conseguir isso em duas temporadas. E bateu mais recordes: em 2003 fez seu 500º *home run* e se tornou o primeiro jogador a fazer mais de 60 em três temporadas consecutivas. Concorreu muitas vezes a Jogador do Ano nas revistas de esportes, e foi convidado à Casa Branca. Hoje milionário, Sosa é uma lenda do esporte e mantém uma fundação de amparo às crianças pobres do seu país. Em todos os aspectos, sua vida é o sonho de um menino pobre que se tornou realidade.

Acima: a nova geração, aposta para o futuro

Abaixo: o beisebol ainda é muito popular

VOCÊ SABIA?

A palavra "rum" vem do latim *saccharum*, que quer dizer "açúcar".

O polo foi introduzido na República Dominicana em 1954 por Maharajah Jabar Singh, príncipe indiano convidado para ensinar os filhos de Trujillo. Ainda é jogado na Casa de Campo, e a temporada vai de novembro a meados de maio.

Ainda há gente na RD que chama as laranjas de *chinas*, pois elas foram trazidas pelos chineses (em espanhol, laranja é *naranja*).

Existem mais de 50 mil quartos de hote à sua disposic na RD.

Existe uma pequena ilha no Caribe chamada Dominica, cujos habitantes são conhecidos também como dominicanos.

A República Dominicana tem o ponto mais alto e o mais baixo do Caribe — o pico Duarte, com 3.087m de altitude, e o lago Enriquillo, que fica quase 40m abaixo do nível do mar.

Depois de Santo Domingo, a cidade com maior número de dominicanos é Nova York.

Jogar dominó e assistir a brigas de galo são duas das atividades mais populares do país.

Os caraíbas, que eram canibais e aterrorizavam os tainos e os aventureiros europeus, tinham uma preferência particular por franceses, que achavam muito saborosos. Comiam também sem problemas os ingleses e os holandeses, mas achavam os espanhóis indigestos. O term "canibal" deriva dos caraíbas.

A República Dominicana tem 48.730 km² de superfície, uma área um pouco maior que a da Holanda e menor que a do estado de São Paulo.

Plano de Viagem

A Chegada

Existem oito **aeroportos internacionais** na República Dominicana – Las Américas (serve Santo Domingo), Puerto Plata, Santiago, Punta Cana, El Catay, Santiago, La Romana, Barahona e Samaná, embora na época da redação deste guia houvesse dois que não recebiam voos internacionais. A principal razão para tantos aeroportos internacionais num país tão pequeno é atender aos turistas que vêm aos resorts do tipo *all-inclusive*. Se o seu destino é um desses resorts em Bávaro, seu voo irá pousar em Punta Cana, e um funcionário do resort irá recebê-lo e acompanhá-lo numa van até o hotel. Desse modo, os visitantes com pacotes turísticos têm uma chegada mais tranquila e mais rápida.

Se você não está num desses pacotes, o mais provável é que pouse no **Aeroporto Internacional Las Américas** (947 2424), cerca de 30km a leste de Santo Domingo. São 35 minutos de táxi até o centro. A não ser que alguém vá recebê-lo, não há outro jeito fácil de chegar a Santo Domingo.

Aeropuerto Internacional Las Américas

- Prepare-se para enfrentar longas filas na **imigração** se houver vários voos chegando ao mesmo tempo.
- **Preencha o formulário** que irão lhe entregar durante o voo e passe-o ao oficial da imigração.
- Há um guichê de **câmbio** e um **caixa automático** depois da alfândega, além de **locadoras de automóveis**.
- Se não vier ninguém recebê-lo, prepare-se para ser assediado por **motoristas de táxi** e **guias turísticos**.
- O preço normal de uma corrida do aeroporto até o centro de Santo Domingo é US$20, e o trajeto leva cerca de meia hora. **Negocie o preço antes**, pois os táxis daqui não usam taxímetro.
- Os **taxistas** garantem que nenhum ônibus liga o aeroporto ao centro de Santo Domingo. Se a corrida parecer cara demais, ache alguém na fila do táxi para dividir a corrida com você.

Escritórios de Informação Turística

Santo Domingo Existem dois escritórios de informação turística em Santo Domingo. O principal é a Secretaria de Estado de Turismo, nas Oficinas Gubernamentales, Bloque D, Avenida México e 30 de Marzo (tel. 221 4660; fax 682 3806; www.dominicana.com.do; dias de semana, 9h-17h). Há uma filial em: Palacio Borghella, Calle Isabela la Católica, Parque Colón (tel. 686 3858; diariam. 9h-17h)

Barahona Carreterra Batey Central (tel. 524 3573)

Boca Chica Calle Duarte, esq Caracol 2, Plaza Boca Chica (tel. 523 5106)

Cabarete Autopista Principal de Cabarete (tel. 571 0962)

Jarabacoa Calle Estela Geraldino 14 (tel. 573 7014)

La Romana Edificio de la Gobernación (tel. 550 6922)

Puerto Plata Avenida Hermanas Mirabal 8, Parque Costero (tel. 586 3676)

Samaná Calle Santa Barbara, Edificio Oficinas Públicas (tel. 538 2332)

San Pedro de Macorís Calle Ramón Montalvo nº 10 (tel. 529 3644)

Santiago Calle Juan Pablo Duarte nº 85, Palacio Municipal (tel. 582 5885)

Sosúa Calle Sosúa-Cabarete, Edificio Gel Brown (tel. 571 3433)

Como Circular

A República Dominicana tem voos domésticos de Santo Domingo para a maioria das grandes cidades, e todos levam menos de uma hora. É fácil alugar um carro, e há ônibus regulares e eficientes entre as principais cidades. Para circular pelas praias, alugue uma moto ou um quadriciclo, mas para curtir o ar fresco da cordilheira alugue um cavalo. Na maioria das áreas centrais, o melhor é ir a pé, inclusive em Santo Domingo.

Voos Domésticos

- A **Air Santo Domingo** (tel. 683 8006, fax 381 0080, www.airsantodomingo.com) opera voos regulares entre Santo Domingo e Puerto Plata, Santiago, Punta Cana, La Romana, El Portillo (perto de Las Terrenas) e Arroyo Barríl (perto de Samaná). Os preços ficam entre US$50-100.
- A **Caribair** (tel. 826 4444 ext 225, www.caribair.com.do) opera voos para Barahona, no sudoeste, e para Port-au-Prince, no Haiti.
- Voos domésticos saem do **Aeropuerto Internacional La Isabela – Dr. Joaquin Balaguer**, na cidade de Higuero, junto à capital. Um táxi do centro sai por US$20.

Aluguel de Carro e Motocicleta

- É preciso ter no mínimo **25 anos de idade** e **carteira de habilitação** e **cartão de crédito** para poder alugar carro ou moto na RD.
- As diárias começam por volta de US$60 para carros (US$86 para um 4x4) e US$25 para motos. Sai mais barato **reservar com antecedência** numa locadora de carros internacional.
- Empresas internacionais de **locação de carros**, como Avis, Hertz e Budget têm lojas no aeroporto e no centro de Santo Domingo.
  AVIS: Avenida Abraham Lincoln (tel. 535 7191, www.avis.com)
  Budget: Avenida JF Kennedy (tel. 566 6666, www.budget.com)
  National: Avenida Los Proceres, N141, Arroyo Hondo (www.nationalcar.com)
- Há **motos** disponíveis apenas em locais voltados para viajantes independentes, como Cabarete e Las Terrenas.

Como Dirigir um Carro

Dirigir na RD é diferente de dirigir na Europa ou nos EUA, pois carros, caminhões e ônibus estão sempre ultrapassando e forçando outros veículos para fora da estrada. Se um estrangeiro se envolver em algum acidente, é provável que seja responsabilizado, não importa como aconteceu. Adapte seu estilo de dirigir e guie com muito cuidado.

- Se decidir guiar neste mundo hostil, um carro alugado lhe dará total liberdade para ir aonde quiser, quando quiser. Como o país não é grande, você sempre estará a poucas horas de carro de qualquer lugar da ilha. **Veículos 4x4** são ideais para sair dos trajetos convencionais.
- Dirija do **lado direito** da via.
- Os **limites de velocidade** são 80 ou 100km/h nas estradas principais, e 40-60km/h nas áreas urbanas.
- É obrigatório usar **cinto de segurança**, mas nem todos seguem a lei.
- As multas por **infrações de trânsito** são de RD$500, ou US$15.
- As estradas para o norte, leste e oeste de Santo Domingo estão em **boas condições**, mas as demais são esburacadas.

- As autoridades instalaram em algumas estradas imensas lombadas para reduzir a velocidade, capazes de destruir qualquer veículo que esteja a mais de 8km/h. Elas ficam na entrada das cidades do interior. Mas também **tome cuidado** com o oposto disso – as valetas.
- Atualmente não há no país leis sobre **dirigir depois de beber**.

Táxis
É fácil encontrar táxis nas principais cidades (todos carregam o letreiro no teto), mas o preço da corrida é combinado antes, pois **não há taxímetro**. As empresas de táxi costumam afixar seus preços para os destinos mais comuns na porta de seu escritório. Uma empresa confiável em Santo Domingo é a Maxi Taxi (tel. 544 0077).

Ônibus
A rede de ônibus é grande, ligando todas as cidades da RD, não importa seu tamanho. É a opção mais barata para o viajante independente.

- Duas companhias confiáveis são a **Caribe Tours** (tel. 221 4422, www.caribetours.com.do) e a **Metro Bus** (tel. 566 7126), que oferecem viagens entre as principais cidades do país.
- Para fugir dos trajetos mais comuns, você terá de dar sinal para uma ***guagua***, que são vans meio capengas usadas como ônibus locais e que andam sempre lotadas. Um pouco de espanhol é sempre útil nesses veículos sociáveis, mas desde que você consiga pronunciar bem o nome de seu destino, isso não será absolutamente indispensável.

Quadriciclos e Cavalos
Se você ficar em algum local voltado para viajantes independentes, como Las Terrenas, poderá alugar um **quadriciclo** para explorar o interior. Com suas rodas grandes, todas com tração, e tamanho compacto, eles podem ir a praticamente qualquer lugar, mas cuidado para não invadir propriedade particular. Se preferir um transporte mais convencional, alugue um **cavalo** e faça um passeio romântico pela praia ou uma trilha desafiadora pelas montanhas.

Passeios Guiados
Muitas das principais atrações do país, como a **observação de baleias** na Bahía de Samaná (➤ 90-92), o **rafting** no rio Yaque del Norte (➤ 148) e o **mergulho** em ilhas como a Isla Saona (➤ 114), fazem parte do itinerário das empresas de turismo. Elas pegam você no hotel, deixam-no na ilha e você passa um grande dia, com almoço incluído. Esses passeios não são baratos, mas permitem fazer bastante coisa durante uma estadia curta. Algumas operadoras de confiança são:

Maxima Aventura, Rancho Baiguate, Jarabacoa (tel. 574 6890, www.ranchobaiguate.com)

Iguana Mama, Cabarete (tel. 571 0908, 800 849-4720, fax 571 0734, www.iguanamama.com)

Outback Safari, Plaza Turisol, Local 7, Avenida Luperon Km 2,5, Puerto Plata (tel. 244 4886, www.outbacksafari.com.do)

Ingressos

O custo dos ingressos para os lugares mencionados no texto é indicado pelas seguintes categorias de preço:

Barato menos de US$1 **Moderado** US$1 a US$2 **Caro** mais de US$2

Hospedagem

A República Dominicana tem muitas opções para os visitantes – mais de 50 mil quartos de hotel pela última contagem. A maioria deles fica nos imensos resorts *all-inclusive*, mas há muitas alternativas para quem preferir outro arranjo. Todas as principais cidades têm hotéis de luxo, médios e baratos. Ao procurar o hotel, leve em conta que será acrescentada à diária uma taxa de 26% (são 10% de serviço e 16% de imposto para o governo).

Resorts All-Inclusive

- O sistema *all-inclusive* é simples – você paga um preço fixo ao seu agente de viagens para um voo de ida e volta e uma semana ou duas num resort. A tarifa inclui quarto (**em geral muito confortável**, com TV a cabo), comida e bebida nos bufês, restaurantes e bares, e mais uma série de atividades na praia e na água, além de diversão noturna.
- As diárias nos resorts dominicanos são as **mais competitivas** de todo o Caribe. Na baixa temporada (maio-novembro), um pacote de férias custa só um pouco mais do que a tarifa normal de uma viagem de ida e volta.
- As maiores concentrações de resorts *all-inclusive* ficam em Punta Cana e Bávaro, litoral leste, e em Playa Dorada, no litoral norte. Mas há alguns situados em **pontos mais isolados**, como o sudoeste.
- Mas os resorts têm também desvantagens. Por serem imensos, ficam impessoais, e os altos muros em volta criam uma sensação de irrealidade. Os hóspedes têm pouco contato com a cultura dominicana e ficam sem conhecer as maravilhosas paisagens do país e os locais históricos, a não ser que contratem algum **passeio de um dia** fora do resort.

Hotéis de Luxo

Há muitos hotéis de primeira classe na RD, desde monolitos altíssimos a casas coloniais. Alguns são de redes internacionais, tipo Renaissance, Meliã e Sofitel, e a maioria fica em Santo Domingo, embora costume haver pelo menos um deles nas principais cidades e balneários do litoral. O padrão de instalações e serviços é muito alto, e a maioria cobra tarifas reduzidas na baixa temporada. Em geral têm ar-condicionado, frigobar, tevê a cabo, serviço de quarto, pelo menos dois ou três bares e restaurantes, piscinas e às vezes *business center*.

Hotéis de Faixa Intermediária

Há muitos hotéis menores na RD com serviço mais pessoal e nos quais os hóspedes têm mais opções de quartos conforme seu orçamento. Os quartos mais caros costumam ser espaçosos, com frigobar e TV a cabo, e embora os quartos mais baratos sejam menores e mais simples, contam com o mesmo nível de serviço e têm boa relação custo-benefício.

Hotéis Econômicos

Não há muitos hotéis nesta faixa na RD, e em geral eles têm baixo padrão de instalações e serviços – costumam ter **quartos apertados** sem vista interessante e com banheiro coletivo, sem água quente. Lembre-se que a RD fica na zona tropical. Sem ar-condicionado e com janelas pequenas as noites podem ser desconfortáveis. Há exceções à regra, e em destinos populares voltados para viajantes independentes, como Las Terrenas e Cabarete, é possível encontrar quartos com instalações razoáveis por cerca de US$30-40 a diária.

Pensões
Pequenas pensões no estilo *bed and breakfast* são cada vez mais comuns na RD e são escolhidas por visitantes que querem conhecer melhor os locais. Muito mais pessoais do que um hotel, elas são geralmente casas particulares cujos donos decidiram complementar a renda admitindo hóspedes. A maioria serve refeições incluídas na diária, e, se você decidir ficar em alguma delas, é provável que tenha oportunidade de conversar com os proprietários após a refeição e talvez de novo após o café da manhã.

Acampar
Embora os dominicanos gostem às vezes de acampar numa praia ou nas montanhas, não existem **campings oficiais** equipados com as instalações básicas, exceto nos parques nacionais, onde as instalações são mínimas. Se você se inscrever em alguma trilha de vários dias, a empresa irá fornecer equipamento de camping. Há campings oficiais no Parque Nacional Armando Bermúdez e no Parque Nacional José del Carmen Ramírez. Observe, porém, que as instalações são **muito primitivas**. Em geral, a RD é considerada inadequada para acampar, entre outras coisas porque os dominicanos tendem a olhar com desconfiança para visitantes estrangeiros que dormem em tendas ao ar livre.

Alta Temporada e Baixa Temporada
As diárias de hotel, em especial nos resorts *all-inclusive*, variam com a estação. A **alta temporada** vai de **dezembro a abril**, e é comum a lotação esgotar no Ano-Novo e na Páscoa, quando os dominicanos tiram alguns dias para decansar. A **baixa temporada** vai de **maio a novembro**, quando os preços caem cerca de 30-40% e há ótimas promoções.

Reservas de Hospedagem
Para conseguir bons preços nos resorts *all-inclusive* é preciso fazer reserva com antecedência no seu país de origem. Antes de ir à agência de viagens, consulte o site dos resorts e veja o que oferecem. Embora alguns desses resorts aceitem hóspedes avulsos ou por estadias curtas, as tarifas são mais altas. Não é preciso reservar com antecedência no caso de outros hotéis, a não ser durante feriados ou festivais (➤ 11).

Classificação dos Hotéis
- Os editores deste guia avaliam e classificam estabelecimentos hoteleiros com base na qualidade geral e nos serviços. A classificação reflete o padrão de decoração e serviço do setor, e as nossas expectativas.
- Um (💎) ou dois (💎💎) diamantes indicam um local limpo e bem mantido, com quartos confortáveis. Dois diamantes indicam um certo esmero na decoração e mobília. Um local com três (💎💎💎) diamantes mostra um nível mais alto em atributos físicos, serviços e conforto e pode oferecer adicionais. Um local com quatro (💎💎💎💎) diamantes oferece alto nível de serviço e hospitalidade, ampla variedade de comodidades e instalações de alto nível. Uma classificação cinco (💎💎💎💎💎) diamantes indica local de categoria mundial, com o nível mais alto de luxo de acomodações e serviço personalizado.

Categorias de preço
Diária de casal, excluindo os 26% de taxas (10% de serviço, 16% de imposto)
$ menos de US$70 **$$** US$70-130 **$$$** mais de US$130

Alimentação

Além de dançar merengue, comer e beber também são prazeres muito apreciados pelos dominicanos, por isso quem visita o país não deverá ter dificuldade em encontrar bons estabelecimentos. Todas as cidades principais de turismo têm vários restaurantes internacionais, além de comida local.

Onde Comer

As opções vão desde lanches em cafés e barracas de rua e de praia a jantares elegantes com toalhas de linho e talheres de prata. No nível básico há os ***comedores*** (restaurantes simples), em geral limpos e baratos e que oferecem pratos do dia. Todas as cidades e destinos turísticos têm uma boa seleção de restaurantes com pratos internacionais.

Pratos Principais

A *comida criolla*, comida local dos dominicanos, combina arroz, feijão e carne para produzir pratos como *la bandera dominicana*, *sancocho* e *chivo guisado* (➤ 24). Os temperos têm grande destaque, embora o uso da pimenta seja moderado: nenhum prato irá deixá-lo com a língua ardida. Em geral, a *comida criolla* tem bom equilíbrio nutricional, mas há muitas frituras, e você pode achar os pratos um pouco gordurosos.

Sobremesas e Bebidas

Prove os *dulces con coco*, feitos de melaço e coco ralado, os *dulces con leche*, que contêm coalhada doce, e o *flan de maiz*, uma espécie de pudim de milho. Uma alternativa ainda mais saudável e natural são as frutas frescas. As bebidas dominicanas são irresistíveis, dos sucos de frutas ao forte rum ou ao estimulante café.

Quando Comer

Não é incomum os dominicanos fazerem o **almoço às 14h** e o **jantar às 21h**. Eles gostam de comer fora, e os melhores restaurantes estão sempre cheios, por isso é bom fazer **reserva**, especialmente nos fins de semana.

Cardápios, Gorjetas e Trajes

A maioria dos restaurantes da áreas de turismo tem cardápios tanto em espanhol como em inglês. Há muitos e excelentes *comedores*, que servem ótima comida a preços razoáveis, mas eles só têm cardápio em espanhol. A conta inclui 10% de serviço, mas pode-se dar por cortesia uma gorjeta adicional de 10%. A roupa pode ser informal.

Classificação dos Restaurantes

Assim como fizeram com os hotéis (➤ 36), os editores deste guia avaliaram os restaurantes pela qualidade da comida, serviço, decoração e ambiente – com maior ênfase na comida e no serviço. A classificação vai de um diamante (💎), para estabelecimentos simples e familiares, a cinco diamantes (💎💎💎💎💎), para as casas que oferecem uma culinária soberba e fazem da refeição uma experiência inesquecível.

Categorias de preço

Preços prováveis por uma refeição, por pessoa, excluindo bebida, gorjetas e taxas (26%).

$ menos de US$15 **$$** US$15-25 **$$$** mais de US$25

Compras

A República Dominicana tem muita coisa interessante para comprar. Parte do que está em oferta é de qualidade inferior, mas também é possível achar uma peça bonita de âmbar ou *larimar*, uma pintura clássica do Caribe, charutos e rum, além de CDs de merengue e *bachata*.

O Que Comprar

- **Âmbar e larimar** (➤ 26-27), em seus lindos tons, são suvenires ideais da RD. As peças grandes custam milhares de dólares, mas um brinquinho ou anel com uma destas pedras incrustada são bem mais baratos.
- **Pinturas** de artistas dominicanos ou haitianos estão à venda por toda a RD e são perfeitas para alegrar sua sala de jantar. Feitas em cores vivas e com imagens arrojadas, vão de pequenas reproduções a telas imensas, originais. Mesmo que a tela seja grande, levá-la para casa não é problema. As galerias aceitam de bom grado removê-las da moldura e enrolá-las num tubo especial para transporte. Por toda a ilha, as galerias têm também esculturas atraentes de madeira e pedra, tanto da RD como do Haiti.
- **Moedas espanholas antigas**, particularmente as famosas "Peças de Oito" associadas à era dos piratas e dos galeões espanhóis, são um excelente suvenir. Muitas moedas foram guardadas durante séculos pelas famílias locais, e outras resgatadas de navios naufragados ao longo das rotas coloniais. Sua venda é legal, e sua exportação é permitida.
- **Charutos e rum** (➤ 18-19) são sucesso garantido como presente para seus amigos que fumam e bebem. Os charutos dominicanos são considerados do mesmo nível que os de Cuba, e os vários tipos de rum traduzem o verdadeiro sabor do lado exótico da RD.
- **CDs** de merengue e *bachata* (➤ 20-21) também são uma boa maneira de preservar a lembrança de sua visita. Compre algumas cópias de coletâneas dos sucessos mais recentes do país e dê de presente aos amigos. É o melhor jeito de mostrar a irreprimível alegria do país.
- Evite comprar produtos feitos de casco de tartaruga, coral preto e mogno, **espécies em risco de extinção**. Outras compras que podem trazer problemas tanto com as autoridades da RD como com a alfândega na volta são as de produtos manufaturados com pele de crocodilo, conchas de molusco gigantes e diversas espécies de plantas, especialmente as orquídeas endêmicas, que são protegidas pela RD e por leis internacionais.

Onde Comprar

Como seria de esperar num país voltado para o turismo, os suvenires dominicanos típicos podem ser encontrados em todas as áreas frequentadas por turistas, mas a variedade e a qualidade dos produtos podem variar bastante. Santo Domingo tem de longe a maior variedade e a melhor qualidade, especialmente na Calle El Conde e no Mercado Modelo. As visitas às fábricas de charutos e de rum de Santiago e Puerto Plata também oferecem boas oportunidades de comprar presentes.

Horários de Funcionamento e Cartões de Crédito

As lojas funcionam regularmente entre 8h30-18h30, com um intervalo de duas horas para almoço, do meio-dia às 14h, embora os locais que vendem suvenires dentro ou perto de hotéis e resorts costumem ficar abertos até mais tarde, às vezes até 22 ou 23h. A maioria dos estabelecimentos aceita os principais cartões de crédito, mas é sempre útil andar com alguns dólares no bolso para alguma eventualidade.

Diversão

Dominicanos adoram festa e não perdem uma oportunidade de se divertir. Além do calendário de festivais (➤ 11-13), há sempre concertos de música ao vivo e cinemas com os filmes mais recentes. Os esportes também têm muito destaque na RD, com várias atividades de praia, como windsurfe e mergulho, além de campos de golfe de alto nível. Para quem gosta de assistir a esportes, o beisebol é de longe o mais popular.

Informações sobre Eventos

- Para informações sobre a programação de eventos, consulte o principal jornal do país, o ***Listin Diario***, ou o ***Diario Libre***, disponíveis em muitos pontos de venda na Zona Colonial. Um site útil para informações sobre diversão na capital é www.aquisantodomingo.com
- Sem dúvida, os **centros de informação turística** podem oferecer detalhes e sugestões sobre o que fazer. Para obter os endereços desses centros, veja a seção A Chegada (➤ 32).

Festivais

- Todas as grandes festas cristãs são celebradas em grande estilo na RD, particularmente a ***Semana Santa*** – Páscoa –, que dá ensejo a grandes desfiles e procissões em muitas cidades.
- Se você pretende visitar o país em **fevereiro** ou **julho**, tente chegar na época do carnaval ou do **Festival do Merengue** (➤ 12), quando o clima de festa toma conta do país.
- Enquanto estiver viajando pela RD, pergunte sobre a ***fiesta patronal*** (festa local do padroeiro da cidade), quando você poderá ver tambores e dança africanos numa fusão com a fé cristã.

Música ao Vivo e Casas Noturnas

- A música local, merengue e *bachata*, é ótima para ouvir e dançar, e grupos locais se apresentam por toda a ilha, particularmente em Santo Domingo. Bons locais para música ao vivo em Santo Domingo são o Guácara Taíno e o Merengue Bar, no hotel Renaissance Jaragua (➤ 60). Confira as seções "**Onde Se Divertir**" deste guia para detalhes.
- Há **casas noturnas** em muitos resorts, grandes hotéis e nas principais cidades. Em geral tocam-se os dançáveis merengue e *bachata*, mas nos locais com muitos turistas intercala-se música mais familiar aos visitantes. Boas casas noturnas nas províncias são La Barrica, em Puerto Plata (➤ 82), e Nuevo Mundo, em Las Terrenas (➤ 100).
- A maioria das casas noturnas só abre a partir de 22 ou 23h, e **poucas pessoas chegam antes da meia-noite**.

Cinemas

A maioria das grandes cidades tem cinemas que exibem filmes atuais, mas a maioria é dublada em espanhol. Se preferir, ligue para saber se eles têm alguma cópia em inglês – isso é mais provável nos cinemas mais modernos de Santo Domingo e outras grandes cidades. Os resorts e os bares que atendem muitos turistas mostram vídeos ou DVDs em inglês.

Música Erudita

Há apresentações ocasionais da Orquestra Sinfônica Nacional, além de balé e ópera, no Teatro Nacional, em Santo Domingo, na Avenida Maximo Gomez, 35 (tel. 687 3191).

Diversão nos Grandes Resorts

Os resorts *all-inclusive* fazem grande esforço para que seus hóspedes tenham ampla oferta de atividades, tanto de dia como de noite. Durante o dia, as atividades são aeróbica dentro e em volta da piscina, aulas para aprender a dançar merengue, vôlei e futebol de praia, aulas de windsurfe etc. Em alguns lugares você aprende a mergulhar e volta para casa com um certificado de mergulho reconhecido internacionalmente. À noite, a maioria dos grandes resorts apresenta espetáculos de música, canções e dança da República Dominicana (e de outras partes). Estimula-se a participação da plateia. As discotecas são muito populares.

Excursões e Parques Temáticos

Se você se aborrecer de ficar sempre no mesmo ambiente num grande resort, vá até a recepção e inscreva-se em algum dos muitos passeios para ver as atrações da capital, visitar fábricas de charuto e de rum, mergulhar em alguma ilha do litoral e muitas outras atividades. A maioria das crianças vai gostar de visitar um parque temático como o Manati Park, em Bávaro (➤ 118), ou o Ocean World, perto de Puerto Plata.

Esportes

O **beisebol** é o esporte mais popular da RD, e, se você estiver no país durante a temporada (meados de novembro a meados de fevereiro), com certeza vale a pena acompanhar um jogo e ver a paixão que ele desperta nos torcedores. Em Santo Domingo, o Estadio Quisqueya, na esquina entre Maximo Gomez e Kennedy (tel. 540 5772) é o melhor lugar para isso.

A RD é um **paraíso dos golfistas**, em parte devido ao clima maravilhoso. Mesmo na estação das chuvas, que costumam ser breves, muitas pessoas vêm aqui principalmente para passar as férias jogando. Há campos em todos os pontos da ilha, alguns projetados por arquitetos de renome internacional, como Pete Dye e Robert Trent Jones. Vários deles junto ao litoral têm vistas fantásticas tanto do Atlântico como do mar do Caribe. Alguns dos melhores campos são relacionados a seguir:

Santo Domingo Country Club, Calle Isabel Aguilar (tel. 530 6606);
Guavaberry Golf & Country Club, Autovia del Este, Juan Dolio, San Pedro de Macorís (tel. 526 2424);
The Teeth of the Dog, Casa de Campo, La Romana (tel. 523 3333);
Punta Cana Golf Club, Punta Cana (tel. 959 4653);
Playa Grande Golf Course, Km 9, Carretera Rio San Juan-Cabarete (tel. 582 0860).

- As fantásticas praias que rodeiam a RD oferecem muitas oportunidades para a prática de **esportes aquáticos**. Aprenda todos os macetes do kitesurfe e do windsurfe; mergulhe nos recifes de coral; faça um passeio de pesca em alto-mar ou simplesmente curta velejar na baía.
- Nas montanhas perto de Jarabacoa, o **rafting** pelo rio Yaque del Norte (➤ 148) é um jeito emocionante e muito popular de passar o dia.
- Jarabacoa (➤ 147-150) é também o melhor local da RD para **esportes de aventura**, que incluem andar a cavalo, de mountain bike ou de canoa pelo vale do rio. O clima fresco da Cordillera Central também torna a região ideal para caminhadas, e o maior desafio para os trilheiros é escalar o Pico Duarte, o ponto mais alto do Caribe.

Santo Domingo

Como Se Localizar

Em 1498 Santo Domingo tornou-se a primeira cidade das Américas a ser estabelecida com sucesso pelos europeus, e é atualmente a cidade que mais cresce no Caribe. A parte que mais encanta os visitantes é a Zona Colonial, que reúne centenas de edifícios históricos numa área compacta, boa de explorar a pé.

★ Destaques

Na pág. anterior: o Carnaval de Santo Domingo é sempre muito colorido e imaginativo
À esquerda: estátua de Cristóvão Colombo no Parque Colón, Zona Colonial

Atrações

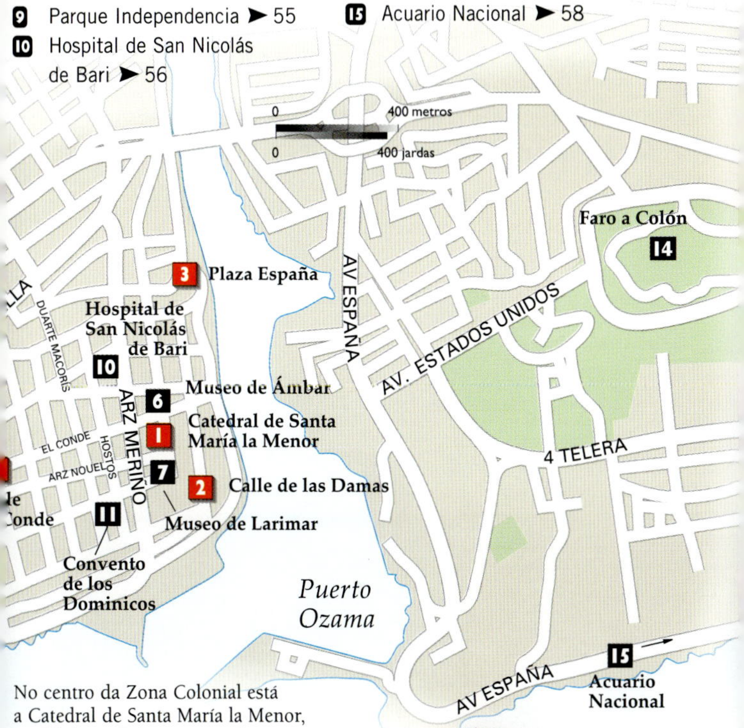

No centro da Zona Colonial está a Catedral de Santa María la Menor, o edifício mais importante do país e um bom ponto para iniciar e terminar um passeio pela cidade. Nas vizinhas Calle de las Damas e Plaza España, você pode visitar locais como o Museo de Las Casas Reales e o Alcázar de Colón (Palácio de Colombo), mergulhando no mundo como ele era há cinco séculos. A Calle El Conde é um bom local para comprar suvenires. À noite, o Malecón é a melhor opção para se juntar aos moradores que dançam merengue nos diversos bares da orla ou em alguma das casas noturnas dos grandes hotéis, com suas espetaculares vistas do mar do Caribe.

Na Plaza de la Cultura, o Museo del Hombre Dominicano

Santo Domingo em Dois Dias

Primeiro Dia

Manhã

Comece no Parque Colón (abaixo), no centro da Zona Colonial, onde se destaca a estátua de Cristóvão Colombo. A primeira parada deve ser a imponente e serena 1 **Catedral de Santa María la Menor** (➤ 46-47). Antes de sair da praça, faça um passeio pelo 6 **Museo de Ámbar** (➤ 54).

Dobre a esquina e vá até o 7 **Museo de Larimar** (➤ 54) para apreciar a pedra azul-clara que só existe aqui. Daqui, vá para leste pela 2 **Calle de las Damas** (➤ 48-49). Siga para o norte por esta linda rua colonial até chegar à 3 **Plaza España** (➤ 50-51).

Tarde

Conceda-se um almoço tranquilo, sem pressa, em algum dos muitos restaurantes em volta do lado oeste da Plaza España (abaixo); você encontra um bom almoço tipo bufê no La Atarazana (➤ 61). Atravesse para o lado leste da Plaza España para ver o **Alcázar de Colón** (➤ 50), antigo palácio de Diego Colombo, filho de Cristóvão. Depois siga até o **Museo de las Atarazanas** (➤ 51) e veja tesouros resgatados de galeões naufragados.

Noite

No jantar, tente um dos muitos restaurantes finos da cidade, como o **Le Patio** (➤ 62), e depois livre-se dos quilos a mais dançando em uma das casas noturnas do 5 **Malecón** (➤ 53).

Segundo Dia

Manhã

Comece de novo pelo Parque Colón, mas agora siga para oeste pela 4 **Calle El Conde** (➤ 52). Veja as vitrines e lojas e leve suvenires como CDs de merengue, que serão uma ótima lembrança de sua visita. Se estiver com fome, faça um lanche em algum dos muitos cafés desta rua. Quando chegar à Puerta del Conde, atravesse o arco e faça uma breve parada no 9 **Parque Independencia** (➤ 55-56).

Tarde

Aqui você tem várias opções, dependendo do seu gosto. Para mais compras, passeie a nordeste pela Avenida Mella até o 8 **Mercado Modelo** (➤ 55). Ou aprenda mais sobre a cultura dominicana pegando um táxi e indo mais para oeste até a Plaza de la Cultura. Nesta praça você encontra o 12 **Museo de Arte Moderno** (➤ 57) e outros museus dedicados à história, à geografia e à história natural do país. Outra opção é fazer a curta caminhada em volta da Zona Colonial (➤ 158-160) e dar uma olhada nas ruínas do 10 **Hospital de San Nicolás de Bari** (➤ 56) e nos tijolos cor de mel do 11 **Convento de los Dominicos** (➤ 56).

Noite

Vá até a Calle Hostos. Aqui você encontrará o Bobo's, onde a geração descolada de Santo Domingo vem curtir drinques e bater papo numa decoração ultramoderna.

Catedral de Santa María la Menor

Esta foi a primeira catedral construída nas Américas, a base para a disseminação do cristianismo pelo continente. Em seus primeiros dias abrigou animados desfiles de escravos africanos e foi saqueada por Sir Francis Drake, mas hoje predomina nela uma aura de silenciosa reverência.

Diego Colombo, filho de Cristóvão, lançou a primeira pedra desta catedral em 1514, mas o trabalho só começou de fato em 1521, com a chegada do primeiro bispo. Ela foi concluída em 1541 e recebeu status de catedral do papa Paulo III em 1546. Nos primeiros dias era frequentada não só por cristãos, mas também por escravos africanos que faziam as procissões de seus padroeiros, até que o clero considerou "subversiva" a dança e os tambores que acompanhavam esses cultos, e rapidamente baniu tais práticas deste solo sagrado.

Os visitantes entram pela porta norte, a partir do Parque Colón, e deparam com uma mistura incomum e agradável de arquitetura gótica, renascentista, hispânica e barroca. Até os vitrais, embora de desenho moderno, se baseiam no método antigo. O teto

Campanário da Catedral de Santa María la Menor

gótico, em abóbada, é esplêndido, e há altares de mármore e mogno.

Catorze capelas se alinham nas paredes norte e sul, algumas delas com nomes um tanto macabros. A Capela da Vida e da Morte tem um intrigante vitral que mostra um Jesus imberbe sendo batizado por um João Batista de aparência selvagem; já a Capela do Cristo em Agonia é guardada por dois leões de pedra acima do túmulo do primeiro bispo de Santo Domingo, Alejandro Geraldini. Acredita-se que os restos de Cristóvão Colombo tenham ficado enterrados na Capela da Virgem da Luz até serem transferidos para o Faro a Colón em 1992, por ocasião do 500º aniversário da chegada dos exploradores às Américas. Mas como outros países reclamam a posse dos restos de Colombo, o assunto permanece controverso (➤ 55).

A melhor vista da catedral é do lado oeste, onde há um friso de querubins esculpido acima dos portais de altos arcos, ladeados por esculturas de padres famosos. Do lado de fora dos portões oeste (em geral fechados) ficam esculturas em metal de algumas cabeças muito expressivas.

Uma visão incomum que se tem a partir do lado oeste é a de um campanário desprotegido. Trata-se de um legado de Sir Francis Drake, que utilizou a catedral como quartel quando atacou e saqueou a cidade em 1586 (➤ 17). Ele arrancou a cobertura do campanário e roubou tudo o que encontrou de valor, como um selo de ouro dos Habsburgos e diversas estátuas.

Estátua delicadamente esculpida na entrada oeste da catedral

FAÇA UMA PAUSA

El Conde (➤ 61), na esquina noroeste do Parque Colón, oferece boa variedade de refeições e bebidas por preços razoáveis. Também é um ponto ideal para ficar vendo o movimento das pessoas, sentado às mesas que se espalham pela praça.

185 D4 · **Parque Colón** · **Diariam. 9h-16h** · **Gratuito**

POR DENTRO DA CATEDRAL DE SANTA MARÍA LA MENOR

Dicas Não é permitida a entrada de visitantes na catedral e outros locais religiosos trajando shorts ou camiseta regata. Mulheres tampouco podem entrar de calça. Por isso, **vista-se apropriadamente** em tais lugares.

- Como principal atração da cidade, a catedral fica cheia de grupos de excursões. Para **evitar multidões**, chegue bem cedo ou bem tarde.

2 Calle de las Damas

Correndo paralelamente ao rio Ozama, esta foi a primeira rua aberta por Nicolás de Ovando quando ele transferiu a cidade da margem leste do rio, em 1502. Ela reivindica o título de rua mais antiga do hemisfério ocidental e ganhou este nome por causa das damas que costumavam subir e descer por ela em suas frequentes visitas à esposa de Diego Colombo.

A extremidade sul desta rua é dominada pelos muros de defesa da **Fortaleza Ozama**, que foi o ponto de onde partiram os espanhóis em suas conquistas de outros países, entre os quais Cuba, Jamaica e Colômbia. Ela também tinha o papel vital de proteger a cidade de invasões – que sempre vinham do mar – até ser desativada na década de 1960. O edifício mais destacado, e o único aberto ao público, é a **Torre del Homenaje**, que era antes uma prisão. Também é possível subir até o topo dela (18m) para ter uma vista panorâmica da Zona Colonial.

Há vários edifícios muito bem preservados nesta rua, como a Casa de Francia, construída em 1503, e onde se diz que o conquistador Hernán Cortez teria concebido seu plano de invadir o Novo Mundo. Atualmente ela abriga a divisão cultural da Embaixada da França, que ocasionalmente promove exposições no local. Outro edifício impressionante é o **Panteón Nacional** (Mausoléu Nacional), uma antiga igreja do século 18 que foi remodelada e hoje é um memorial sombrio, neoclássico, aos heróis políticos e militares do país, sempre vigiado por uma guarda de olhar pouco amistoso.

A Fortaleza Ozama domina o porto de Santo Domingo

Fortaleza Ozama; daqui os espanhóis planejaram a conquista do Caribe e do Novo Mundo

No entanto, o edifício que mais atrai os visitantes é o **Museo de las Casas Reales**. Ele tem relíquias coloniais dos séculos 16 ao 18, como armas, garrafas de vinho e moedas, além de um mapa que mostra as viagens de Colombo. O edifício data do século 16 e foi há pouco restaurado para recuperar a grandiosidade da época em que funcionava como centro administrativo dos interesses espanhóis nas Índias Ocidentais. Diante do edifício há um relógio de sol, erigido em 1752 e posicionado de tal modo que os burocratas pudessem saber as horas desde a janela de seu escritório.

FAÇA UMA PAUSA

Não há restaurantes nem cafés nesta rua, mas há muitas opções nas ruas próximas, especialmente em volta da Plaza España. E por que não provar algumas *tapas* espanholas no **Museo de Jamón**?

Fortaleza Ozama
185 E4
Diariam. 9h-17h Barato

Panteón Nacional
185 E4
Seg 14h-18h; ter-dom 8h-18h Gratuito

Casa de Francia
185 E4
Seg-sex 9h-16h30 (expediente)

Museo de las Casas Reales
185 E4
Ter-dom 9h-17h Barato

POR DENTRO DA CALLE DE LAS DAMAS

Dicas Resista à **tentação de conhecer por dentro cada um dos edifícios coloniais** desta rua, senão nunca conseguirá ver o resto da cidade.
• **Vista-se apropriadamente** (➤ 47) ao visitar o **Pantéon Nacional.**

Joia oculta Procure **cinco gárgulas desfiguradas** acima da porta da Casa de las Gárgolas, duas casas depois do Panteón Nacional. O aspecto decadente não se deve apenas à ação do tempo: elas foram apedrejadas por uma multidão que as julgou responsáveis por alguns assassinatos misteriosos no século 17.

3 Plaza España

A Plaza España é uma grande área aberta rodeada pelos velhos muros da cidade, por edifícios coloniais e por restaurantes. Situada junto ao porto, já foi a parte mais movimentada da cidade, com oficiais indo e vindo de seus postos, marinheiros desfrutando a folga e mercadores vendendo escravos. Felizmente as coisas mudaram, e hoje é possível passear por ela com calma. Os muros antigos da cidade e a Puerta San Diego dão à praça um toque de Europa medieval.

Os arcos mouriscos do Alcázar de Colón

No canto nordeste, os arcos mouriscos do **Alcázar de Colón** mostram a influência islâmica sobre a arquitetura espanhola na era colonial. Este é outro dos edifícios importantes da Zona Colonial, e foi construído com coral preto por Diego Colombo entre 1511 e 1515, sem usar de um único prego. Diego já havia sucedido Nicolás de Ovando como governador em 1509 em reconhecimento à grande descoberta de seu pai. Ele escolheu o local como sua base devido à proximidade de ambas as **Casas Reales** (➤ 49), que ele visitava frequentemente, e das docas, que ficam em frente. Ele viveu aqui até 1523, quando foi chamado de volta para a Espanha, mas foi sucedido por outros nomes do gosto da corte espanhola, como Pizarro, Cortez e Ponce de León.

O interior foi reformulado e abriga um museu com móveis, tapetes, pratas e gárgulas do início do século 16. Uma escadaria de pedra leva ao andar de cima, onde há uma coleção de manuscritos com iluminuras do período, além de uma harpa e um cravo na sala de música. Daqui têm-se também boas **oportunidades para fotografar** o rio e a praça.

Logo ao norte do Alcázar, descendo alguns degraus, fica a rua estreita chamada Las Atarazanas (As Docas). Aqui, as tabernas e os restaurantes, que antes recebiam marinheiros na época da exploração espanhola, atualmente atendem turistas. O edifício maior, localizado bem em frente à Puerta las Atarazanas (Portão das Docas), é o **Museo de las Atarazanas**, que dá ao visitante uma boa ideia de como era a vida a bordo de um navio do século 16.

A exposição narra os numerosos esforços empreendidos para resgatar os tesouros dos navios que naufragavam junto ao litoral, e inclui canhões, sabres, crucifixos, pratas e cristais. O museu está atualmente fechado para reforma.

A rua Las Atarazanas faz uma curva em volta do lado oeste da Plaza España. Nela ficam alguns dos restaurantes mais populares da cidade, nos quais os clientes sentam e observam a praça, entretidos por música ao vivo à noite.

FAÇA UMA PAUSA

No almoço, a **Fonda de la Atarazana** serve um excelente bufê num clima tranquilo. À noite, o Atarazana 9 tem música ao vivo e ambiente festivo.

Alcázar de Colón
185 E4
Ter-sáb 9h-17h; dom 9h-16h
Barato

Museo de las Atarazanas
185 E4
Fechado para reforma

POR DENTRO DA PLAZA ESPAÑA

Dica A Plaza España tem uma **atmosfera diferente** de dia, quando é relativamente calma, em comparação com o clima da noite, quando grupos de amigos se reúnem para beber e ouvir música.

Joia oculta Com seu fascinante acervo de tesouros resgatados de galeões naufragados, o **Museo de las Atarazanas** recebe relativamente poucos visitantes. É um local excelente para conhecer melhor a história da República Dominicana.

4 Calle El Conde

Esta rua divide em duas a Zona Colonial, indo para leste desde a Puerta del Conde até o rio Ozama, que fica a quase 1km de distância. Ela já foi a principal rua para o tráfego de carros da cidade, mas foi fechada na década de 1970 e agora é uma rua para pedestres cheia de vitrines tentadoras, onde você pode passear tranquilamente e comprar à vontade.

A Puerta del Conde deriva seu nome do conde de Peñalba, que conseguiu neutralizar um ataque britânico contra a cidade em 1655. A Puerta é vista com orgulho pela população como o ponto em que a primeira bandeira dominicana foi erguida, em 1844, quando da declaração da independência. O pequeno parque depois da Puerta é o Parque Independencia, que contém também o Altar de la Patria, um mausoléu para os três maiores heróis do país – Duarte, Mella e Sanchez.

Pessoas fazem compras na Calle El Conde

Na Calle El Conde há alguns edifícios antigos interessantes, mas o foco aqui são as compras. O comércio desta rua mistura joalherias, pontos de fast-food, lojas de suvenires, de música e butiques. Se quiser voltar para casa com CDs e fitas de merengue ou *bachata*, experimente a Musicalia, no nº 464.

FAÇA UMA PAUSA

Se quiser descansar um pouco sem deixar de curtir a atmosfera daqui, vá até o **El Conde** (➤ 61), um restaurante onde se come enquanto se observa as pessoas.

185 D4 Entre o rio Ozama e a Puerta del Conde

POR DENTRO DA CALLE EL CONDE

Dica Pense duas vezes antes de comprar CDs baratos. Além de serem ilegais, estes **CDs piratas** costumam apresentar defeitos e ter qualidade de som ruim.

5 Malecón

El Obelisco, com seus murais contra Trujillo

Seu nome oficial é Avenida George Washington, mas todos os locais o conhecem como "El Malecón" – o passeio da cidade junto ao mar. Fechado ao trânsito aos domingos, este amplo calçadão é o ponto favorito dos que correm de manhã e ao cair da tarde, e de quem sai para jantar e dançar.

O Malecón corre para oeste a partir da Fortaleza San José, onde uma imensa estátua de Fray Montesino homenageia este bravo religioso que se opôs ao genocídio dos tainos durante o século 16. Mais a oeste há dois altos monumentos de concreto conhecidos como La Obelisca e El Obelisco. Ambos foram erguidos durante a era Trujillo (➤ 10), mas atualmente El Obelisco tem murais dedicados às três irmãs Mirabal, que foram assassinadas por ordem de Trujillo (➤ 151).

Com vista para o mar do Caribe, não surpreende que muitos dos grandes hotéis da cidade tenham escolhido esta localização, assim como os shopping centers e centenas de bares e restaurantes. O Malecón ganha outra vida à noite, quando os residentes vêm aqui comer, beber ou simplesmente passear. Há inúmeros locais para parar e comer ou beber bem, e na maioria dos estabelecimentos o merengue segue tocando idefinidamente. O Malecón tem o seu auge durante o Festival do Merengue, em julho (➤ 12).

FAÇA UMA PAUSA

D'Luis Parillada é um restaurante que serve churrasco ao estilo argentino e fica lotado tarde da noite.

184 C3 Avenida George Washington

POR DENTRO DO MALECÓN

Dica Apesar de pertencer ao Caribe, o local não tem praias, e suas águas, além de poluídas, ficam às vezes **infestadas de tubarões**, por isso nem pense em nadar perto do Malecón.

Atrações

6 Museo de Ámbar

O âmbar dominicano (➤ 26-27) tem fama de ser o melhor do mundo, e você ficará tentado a comprar alguma peça desta bela substância durante sua estadia. Há várias lojas que vendem âmbar sob a forma de joias, e algumas delas têm localização acessivel no lado norte do Parque Colón, como o Museo de Ámbar. Aqui você aprende como o âmbar se formou da seiva de uma determinada árvore, e por que muitas peças contêm "inclusões" – pequenos insetos ou folhas congelados no tempo. Depois de ver as peças expostas no andar superior, você pode escolher um dos itens à venda na loja de presentes do andar térreo.

185 D4 El Conde 107
Seg-sáb 9h-18h Barato

Uma demonstração da produção de joias no Museo de Ámbar

7 Museo de Larimar

Larimar é uma bela pedra de cor azul-claro encontrada apenas na República Dominicana, e que constitui portanto uma lembrança perfeita de sua estadia. O Museo de Larimar fica logo dobrando a esquina ao sair da catedral, e vale a pena visitar a galeria no andar superior, com ar-condicionado, e conhecer como a pedra se forma, como é feita sua mineração e como é trabalhada até virar uma joia. Entre as peças da exposição há maravilhosas esculturas de *larimar*. Um aspecto interessante desta pedra são suas propriedades (acredita-se que sua cor, por exemplo, tem efeito calmante em quem a observa). Lindos brincos, colares e braceletes de *larimar* estão à venda na loja de presentes do andar térreo.

185 D4 Isabel la Católica 54
Seg-sáb 8h-18h; dom 8h-14h
Gratuito

O Altar de la Patria, uma das atrações do Parque Independencia

Cristóvão Colombo – O Eterno Viajante

Embora quem visita a República Dominicana seja informado de que os restos de Colombo já estiveram enterrados na Catedral de Santa María la Menor e que estão agora no mausoléu do Faro a Colón, há incertezas sobre esse fato. Acredita-se que Colombo tenha sido enterrado na Espanha em 1506, e um túmulo em Sevilha atesta que seus restos ainda estão ali. No entanto, sabe-se que eles foram e voltaram da Espanha para outros países, e Cuba e Itália também defendem que o "Grande Navegador" descansa em seu território. Um estudo de DNA dos restos que estão na Espanha mostra que são da mesma família que os restos de seu irmão. Os cientistas dizem que tais restos não fomam um corpo inteiro, o que apoia a tese de que seu corpo foi dividido após a morte e que partes dele poderiam ter ido parar em Santo Domingo e em Havana.

Modelo de navio de Colombo, Faro a Colón

8 Mercado Modelo

Localizado ao norte da Zona Colonial, na Avenida Mella, o Mercado Modelo é o melhor local para comprar suvenires. Este mercado coberto é dividido em vários corredores estreitos, cada um com um grupo de pequenas lojas lotadas até o teto com uma incrível variedade de produtos. Além dos itens usuais para presentes, como âmbar, *larimar*, coral, pinturas locais e do Haiti, charutos e instrumentos musicais, também há máscaras de carnaval, batiques, cerâmica, velas, camisetas, CDs e artigos religiosos. Esses corredores lotados são o paraíso dos batedores de carteira, por isso fique de olho na sua, e, ao iniciar uma compra, não se esqueça de pechinchar o preço de uma maneira firme mas amistosa. Tudo o que está à venda pode ter reduções de 10 a 50%, e, ao comprar mais de um item na mesma banca, o desconto pode ser ainda maior.

Virando à direita (oeste) ao sair do Mercado Modelo e dando alguns passos você já sente o aroma tentador de café recém-moído. Mais alguns passos e você verá uma loja de fachada aberta onde o café local é vendido por um preço incrivelmente barato por quilo.

184 C4 ✉ Avenida Mella
Diariam. 8h-18h

9 Parque Independencia

Localizado a oeste da Puerta del Conde, logo depois dos antigos muros da cidade, este parque é um local perfeito para descansar entre as suas explorações das muitas atrações da Zona Colonial. Embora as ruas em volta dele estejam sempre movimentadas, o parque tem ambiente tranquilo, com vários bancos à sombra das árvores. Dentro dele fica um imenso mausoléu, o Altar de la Patria, erguido em 1976. Um guarda militar com expressão pétrea fica sempre ali, proibindo a entrada de quem não estiver trajado de modo adequado, e dentro há estátuas de mármore dos fundadores do país – Duarte, Mella e Sanchez.

184 C4 A oeste da Puerta del Conde, que fica na Palo Hincado

10 Hospital de San Nicolás de Bari

A série de "primeiros" da RD parece não ter fim – primeira catedral das Américas, primeira rua das Américas, e aqui, escondido na Calle Hostos, o primeiro hospital das Américas. Ao contrário de muitos outros monumentos da Zona Colonial, este está em ruínas, por isso aparenta ser ainda mais antigo. Foi erguido em 1503 por ordem de Nicolás de Ovando para dar alívio aos pobres da cidade. Resistiu a invasões estrangeiras, furacões e terremotos até 1911, quando boa parte dele foi demolida por constituir risco aos pedestres. Ainda é possivel imaginar a cruz no piso, que formava a base do hospital, e os pilares renascentistas e arcos góticos ainda criam uma aura de grandiosidade, embora seus únicos habitantes hoje sejam milhares de pombos.

185 D4 Calle Hostos, perto de Las Mercedes
Gratuito

11 Convento de los Dominicos

Mais ao sul na Calle Hostos fica o local da primeira universidade das Américas. Um convento foi fundado aqui em 1510, e o papa Paulo III ficou tão impressionado pelos estudos teológicos que eram realizados nele que lhe deu o título de "universidade". Já faz muito tempo que a universidade se mudou daqui para um outro local, mas este edifício antigo, com pilares decorativos e elaboradas esculturas na fachada, além de impressionantes imagens de figuras religiosas no teto da Capela do Rosário, em seu interior, ainda promove missas diárias, de manhã e à noite.

185 D4 Calle Hostos com Calle Padre Billini Horários irregulares
Gratuito

O Hospital de San Nicolás de Bari, o primeiro das Américas

12 Museo de Arte Moderno

Existem vários pequenos museus na Zona Colonial, mas os principais da cidade ficam todos em torno da Plaza de la Cultura, em Gazcue, na parte oeste da Zona Colonial. Destes, talvez o mais interessante seja o Museo de Arte Moderno, que abriga exposições temporárias no primeiro e no quarto andares, e permanentes no segundo e terceiro. A pintura dominicana é caracterizada por cores vivas. Seus principais representantes, como Candido Bido, cuja obra está exposta no segundo andar, produzem telas provocantes que às vezes idealizam estilos de vida da ilha e outras retratam cenas do cotidiano, como ritos demoníacos.

184 A4
Plaza de la Cultura
Ter-dom 10h-18h
Barato

Acima: o Convento de los Dominicos é a universidade mais antiga do Novo Mundo

Abaixo: escultura moderna na Plaza de la Cultura

13 Jardín Botánico

Este jardim botânico é visita obrigatória para quem gosta de horticultura, apesar de sua localização no subúrbio de Arroyo Hondo, na região noroeste da cidade, relativamente distante do centro. Mais de 200 tipos de palmeiras e mais de 300 tipos de orquídeas estão entre as plantas destes imensos jardins. Um dos destaques é o jardim japonês, com seus arbustos recortados, um pagode e bancos junto a uma corrente de água murmurante. Existem também exemplares de mogno, que é a planta nacional, e nenúfares, nos tanques de água. Um ônibus daqui leva a várias partes da área de 182ha, que pode ser uma bênção no forte calor do meio-dia.

182 A2 Avenida Jardín Botánico e Los Proceres Ter-dom 9h-18h Barato

14 Faro a Colón

El Faro a Colón (Farol para Colombo) é um dos edifícios mais controvertidos de Santo Domingo. Este monólito de concreto, situado na margem leste do rio Ozama, foi inaugurado em 1992 para celebrar o 500º aniversário da chegada de Colombo à América. O edifício, com 800m de comprimento, não se parece com um farol; na verdade, tem forma de cruz e abriga um mausoléu onde estão os restos de Colombo, segundo se acredita (► 55), protegidos por uma guarda de honra 24 horas por dia. No primeiro andar há pinturas da Virgem Maria provenientes de várias partes das Américas, e no terceiro andar há um pequeno museu naval. A controvérsia sobre o edifício começou quando centenas de famílias foram retiradas da área em que foi erguido. Mas não terminou aí. O principal aspecto era um crucifixo a laser que era projetado no céu à noite, visível de uma vasta área de Santo Domingo. O custo total do projeto excedeu US$100 milhões. Mas a grande quantidade de energia elétrica usada para iluminar o laser causava frequentes cortes de eletricidade em cidades do país. Ele passou a ser ligado com frequência cada vez menor, e hoje está simplesmente desligado.

185 F5 Avenida Mirador del Este Diariam. ter-dom 9h-17h Barato

15 Acuario Nacional

Se você quer ver tubarões, arraias, peixes-boi e outras criaturas das profundezas sem ter de mergulhar no fundo do oceano, visite o Acuario Nacional. Aqui você anda sob um imenso tanque, protegido por um túnel de Plexiglas, e vê estes seres do mar em ação. Há também um tanque com tartarugas em risco de extinção. O aquário não tem placas informativas em inglês, e fica distante do centro, na outra margem do rio Ozama.

182 B2 Avenida España 766 1709 Ter-dom 9h30-18h Barato

Visitantes atravessam o túnel de Plexiglas do Acuario Nacional

Onde... Ficar

Preços
Diárias prováveis para quarto de casal, sem os 26% de taxas (10% de serviço, 16% de imposto)
$ menos de US$70 **$$** US$70 a US$130 **$$$** mais de US$130

Clarion Hotel Santo Domingo $$

Este edifício moderno de vários andares oferece acomodações confortáveis e tem boa relação custo-benefício. O hotel tem café, bar-restaurante e academia, além de duas piscinas (uma coberta e outra ao ar livre). Os quartos têm frigobar e acesso à internet. O hotel fica a 15-20 minutos de táxi da Zona Colonial, no centro da cidade.

Fora do mapa ✉ Avenida Tiradentes, esquina com Presidente Gonzales ☎ 541 6226; fax 368 0105; www.choicehotels.com

Courtyard Santo Domingo $$

Uma fachada de terracota dá as boas-vindas aos visitantes do moderno Courtyard, junto à Plaza de la Cultura e seus museus. As áreas de convivência são acolhedoras e decoradas em estilo colonial mas com toque moderno, enquanto o rico marchetado da mobília dos quartos cria uma sensação de luxo. Há um grande lobby bar e restaurante. Quem viaja com laptop vai gostar do grande cofre do quarto. Tem linda piscina e academia pequena. Os hóspedes podem usar partes do Renaissance Jaragua hotel (➤ 60), como o spa (cobrado à parte).

184 A3 ✉ Avenida Maximo Gomez 50A ☎ 685 1010; fax 685 2003; www.marriott.com

Hilton Santo Domingo $$$

Este hotel grande e moderno, situado num alto edifício à beira-mar, atende clientela mista de pessoal de negócios e turistas. Situado a apenas 10 de minutos de táxi da Zona Colonial, o Hilton Santo Domingo oferece excelentes instalações, incluindo quatro restaurantes e bares, frequentados por residentes e hóspedes, uma grande piscina no sétimo andar, uma academia e um cassino. Os espaçosos quartos (31m²) são muito bem mobiliados, e as janelas amplas oferecem excelente vista do mar ou da cidade. Dispõe de acesso à internet em todos os quartos.

184 A2 ✉ Avenida George Washington 500 ☎ 685 0000; fax 685 0202; www.hilton.com

El Napolitano $$

De todos os hotéis do Malecón, o tradicional El Napolitano oferece a melhor combinação de conforto e economia. Seus 70 quartos são compactos mas limpos e bem-equipados, com ar-condicionado, TV, ótimos banheiros e bela vista do mar. Tem um cassino e um clube noturno populares, além de bar e restaurante num terraço junto à pequena piscina. O hotel fica a uma curta caminhada da Zona Colonial, mas talvez seu aspecto mais atraente seja o preço da diária, bem menor que o de outros hotéis de sua faixa.

184 C3 ✉ Avenida George Washington 101 ☎ 687 1131/39; fax 687 6814; www.hotelnapolitano.net

Quality Inn Santo Domingo $$

Este hotel moderno em tons pastel é uma boa escolha se você quiser ficar perto do aeroporto. São 25 minutos de carro até o centro de Santo Domingo, mas apenas 20 minutos das praias de Juan Dolio, por isso é adequado para quem vem disposto a passear pela ilha. Os quartos têm acesso à internet e TV a cabo. Há uma piscina pequena, uma academia, lavanderia e bar. Não tem restaurante, mas alguns dos quartos são equipados com forno de micro-ondas.

Fora do mapa Km 22 Autopista Las Americas 549 2525; fax 549 2727; www.choicehotels.com

Renaissance Jaragua $$$

Gerido pela rede de hotéis Marriott, este local é o favorito dos dominicanos que moram no exterior, por isso é uma espécie de instituição local. É uma das melhores escolhas entre os muitos grandes hotéis do Malecón: tem quatro restaurantes, academia, piscina e banheira, um jardim tropical e lagoa coberta. A maioria dos grandes quartos tem linda vista, e o serviço é bom.

184 B3 Avenida George Washington 367 221 2222; fax 686 0528; www.marriott.com

Santo Domingo $$-$$$

Por seus quartos espaçosos e confortáveis, ótimas instalações e serviço impecável, este é um dos melhores locais da cidade para ficar, apesar de ser distante do centro. Os quartos são bem-equipados, com camas duplas imensas, escrivaninha e cadeira, TV a cabo e frigobar. A mobília é luxuosa, e a decoração atraente. Pagando um pouco mais, você pode ter um quarto no Excel Club, que lhe dá direito a usar as instalações de negócios. A diária inclui um fantástico bufê no café da manhã, e o hotel dispõe ainda de piscina de bom tamanho, quadra de tênis e academia.

Fora de 184 A2 Esquina da Avenida Independencia com Avenida Abraham Lincoln 221 1511; fax 535 4050; www.hotelsantodomingo.com.do

Sofitel Francés $$$

O Sofitel Francés é outro hotel pequeno mas bem equipado, localizado na Zona Colonial, em um edifício reformado do século 16. Os quartos têm mobília de época, mas contam com vários confortos modernos, como TV a cabo e cofre. O restaurante do hotel, Le Patio, é muito elegante, apesar de bem caro, e o pátio é ótimo para relaxar.

185 D4 Las Mercedes, na esquina com Arzobispo Mériño 685 9331; fax 685 1289; www.sofitel.com

Sofitel Nicolás de Ovando $$$

Se você se sente atraído pela possibilidade de se hospedar em um edifício colonial reformado com muito bom gosto e dinheiro não for problema para você, este local na Calle de las Damas é ideal. O pedigree do edifício não poderia ser mais impressionante. A casa, que já pertenceu a Nicolás de Ovando, primeiro governador das Américas, foi declarada Patrimônio da Humanidade pela Unesco, mas os quartos têm todos os recursos modernos e muitos são totalmente novos. O serviço é de primeira.

185 E4 Calle de las Damas 685 9955; fax 686 6590; www.sofitel.com

V Centenario Santo Domingo $$-$$$

Propriedade do Inter-Continental, o V Centenario é um hotel bem-equipado, num alto edifício de frente para o Malecón, com ótima vista do litoral a partir dos quartos dos andares mais altos. O hotel foi reformado em 2006, e a nova mobília em madeira escura com esquema de cores neutras dá aos 196 quartos um toque elegante. O hotel tem dois restaurantes e dois bares, e serviço de quarto 24 horas. As instalações de lazer incluem piscina, spa, academia, quadras de tênis e o Atlantis World Casino. Fica a 10 minutos de táxi da Zona Colonial.

184 B3 Avenida George Washington 218 221 0000; fax 221 2020; www.ichotelsgroup.com

Onde... Comer e Beber

Preços
Preços prováveis por pessoa por uma refeição, sem bebida e taxas (26%)
$ menos de US$15 **$$** US$15 a US$25 **$$$** mais de US$25

El Conde $-$$

Situado no Parque Colón, na Zona Colonial, este café-restaurante simples serve boa comida local e pratos internacionais por preços bastante razoáveis. Faz parte do Conde de Peñalba Hotel, que ocupa os andares superiores. Tem mesas na parte interna, mas as mais procuradas ficam ao ar livre, à sombra de guarda-sóis e de uma figueira. É um dos melhores lugares da cidade para observar pessoas, e não é difícil ficar horas aqui tomando um café ou uma cerveja e assistindo ao agitado, infindável e variado desfile de tipos humanos.

185 D4 Parque Colón 688 7121 Diariam. 8h-24h

La Atarazana $$-$$$

Situado junto à Plaza España, este antigo armazém foi muito bem reformado e virou um restaurante atraente, com muito estilo. O edifício histórico tem um pátio intimista e uma sala no andar superior com ar-condicionado. Piso de cerâmica, grades de janela em ferro trabalhado e plantas em vasos dão charme ao lugar. O bufê diário é muito popular, mas há também uma grande variedade de pratos à la carte, dominicanos e internacionais.

185 E4 Atarazana 5 689 2900 Diariam. 12h-24h

Lina $$$

Considerado por muitos o melhor restaurante da cidade, se não do país, o Lina fica no Gran Hotel Lina, no bairro de Gazcue. Tem um ambiente elegante que impressiona, belos arranjos florais e garçons impecavelmente trajados. Os clientes em geral se vestem muito bem. O cardápio oferece cozinha espanhola, italiana e internacional, e não é fácil escolher. Ostras ou salmão defumado? Garoupa ou pargo? Vitela ou frango? Os preços não são exorbitantes, e os pratos de massas têm uma relação custo-benefício muito boa. À noite há música de piano ao vivo.

184 A4 Gran Hotel Lina, Avenida Máximo Gómez esquina com Avenida 27 de Febrero 563 5000 Diariam. 12h-16h, 18h30-24h

Meson de la Cava $$-$$$

Este restaurante singular fica em uma das grandes grutas de Santo Domingo esculpidas há milhões de anos pela erosão da água. A decoração natural de paredes de pedra e incríveis estalactites, realçada por iluminação suave, dá ao lugar uma atmosfera romântica. O cardápio tem diversas receitas dominicanas excelentes, além de opções hispânicas e internacionais, e os pratos são servidos por uma equipe elegante.

Fora do mapa Avenida Mirador Sur 1 533 2818; www.mesondelacava.com Diariam. 12h-1h

Pat'e Palo European Brasserie $$-$$$

Este é talvez o bar e restaurante mais popular do lado oeste da Plaza España. Seu nome, que quer dizer perna de pau, vem de um famoso pirata. O cardápio, extenso, tem vários pratos de peixe e algumas sobremesas tentadoras. Os preços são um pouco altos, pois o local é voltado para turistas, mas a comida não irá desapontá-lo.

185 E4 Atarazana 25 687 8089 Diariam. 16h-1h; www.patepalo.com

Le Patio $$-$$$

Localizado no Sofitel Francés Hotel, bem na Zona Colonial, este é um dos melhores restaurantes franceses do país. Você pode comer nos salões com ar-condicionado, que recriam as cores e texturas da Provença, ou fora, no pátio, que dá nome ao lugar. A carta de vinhos é excelente.

185 D4 Sofitel Francés Hotel, Calle de las Mercedes 685 9331; www.sofitel.com Diariam. 12h-15h, 19h-23h30

Reina de España $$-$$$

Como o nome sugere, este restaurante concentra-se em pratos clássicos da Espanha, complementados por elegantes jogos de mesa de linho, embora a atmosfera daqui não seja tão formal como a de alguns dos melhores restaurantes da cidade. Dizem que a *paella* daqui é uma das mais autênticas do país, e que o lombo de porco assado desmancha na boca.

Fora do mapa Calle Cervantes 103, Gazcue 685 2588 Diariam. 12h-24h

La Residence $$$

Oferecendo cardápio internacional com um sotaque francês, o La Residence é um local requintado que serve alta culinária. As imensas mas confortáveis cadeiras de junco são o elemento que se destaca na decoração. Tem um salão com ar-condicionado, mas o local mais inspirador para comer é o pátio fechado, onde colunas de pedra e paredes de terracota dão um toque espanhol colonial.

185 D4 Sofitel Nicolas de Ovando, Calle de las Damas, Zona Colonial 685 9955; www.sofitel.com Diariam. 12h-15h, 19h-23h30

Restaurant El Cantabrico $$$

Um dos restaurantes mais formais da capital, o El Cantabrico, na parte oeste da Zona Colonial, oferece um cardápio abrangente de pratos espanhóis e internacionais, acompanhados por uma boa carta de vinhos. Os pratos de frutos do mar são considerados entre os melhores do país, e quem gosta de carne vai adorar o *Filete Especial*. Os arranjos de mesa são muito bem-cuidados e o serviço é atencioso.

184 C4 Avenida Independencia 54 687 5101; www.restorantecantabrico.com.do Diariam. 11h-24h

Samurai $$

Quase toda grande cidade da República Dominicana tem um restaurante de sushi – e Santo Domingo não é exceção. O Samurai proporciona uma experiência autêntica, com peixe fresco e ótimo *wasabi* (raiz-forte), além de deliciosos enrolados de algas. O Samurai também oferece outros destaques da cozinha japonesa, como o *hibachi* (grelhados) e pratos de *teriyaki*, *tempura* e carnes e peixes no vapor.

Fora do mapa Avenida Abraham Lincoln 902 565 1621 Diariam. 12h-24h

Los Tres Mosqueteros Café & Restaurant $$

Este restaurante é uma ótima opção familiar no coração da Zona Colonial. O cardápio tem diversidade de massas e saladas para quem quer comida mais leve, mas tem também carnes e peixes. Há um pátio para quem prefere comer ao ar livre. O restaurante produz ainda seus próprios charutos, que você pode provar no local e comprar em caixas para levar para casa.

185 D4 Calle el Conde 56 689 1114; www.los3mosqueteros.info Diariam. 12h-24h

Onde... Comprar

Não importa se o que você procura é âmbar ou *larimar*, charutos ou rum, arte do Haiti ou roupas finas, você provavelmente irá encontrar em Santo Domingo. A Calle El Conde, uma rua para pedestres, e as ruelas do Mercado Modelo são locais bons para fazer compras, e a cidade tem ainda vários shopping centers.

Para ter uma visão geral do que está em oferta, dê uma volta pela **Calle El Conde** (➤ 52) e veja as vitrines. Você verá lojas vendendo âmbar e *larimar*, charutos dominicanos, CDs de merengue e *bachata*, livros e roupas finas. Como a rua é fechada ao trânsito de carros, você pode passear à vontade, descansando nos bancos que estão espalhados pela rua ou carregando as baterias em algum dos muitos pontos de fast-food ou cafés.

Seguindo pela extremidade leste, a Calle El Conde corta o **Parque Colón**, onde você talvez fique tentado a comprar uma peça de **âmbar** (➤ 26-27) no **Museo de Ámbar** (➤ 54). O âmbar constitui um presente único e diferente, e vem trabalhado em peças de joalheria de diferentes tamanhos e preços. O museu tem boa diversidade de itens de âmbar à venda, mas seus preços tendem a ser um pouco altos. Para peças menos caras, confira a **The Swiss Mine**, na Calle El Conde 101, em frente ao Parque Colón.

Virando a esquina a partir do Parque Colón na rua Isabel La Católica, o **Museo de Larimar** (➤ 54) tem provavelmente a melhor exposição de joalheria de *larimar* do país. De novo, os preços são um pouco caros, mas a elaboração é de primeira. Em vários aspectos, o *larimar* é um suvenir ainda melhor do que o âmbar, pois só existe aqui.

Um dos locais mais agradáveis para comprar suvenires e presentes dominicanos é o **Mercado Modelo** (➤ 55), logo ao norte da Zona Colonial, na Avenida Mella. Reserve umas duas horas para percorrer as diversas bancas, que vendem uma incrível variedade de produtos, entre eles pinturas e cerâmicas originais. Nos degraus que levam ao mercado há várias bancas de *mamajuana*, uma estranha mistura de ervas e cascas de árvore, vendida em garrafas. Ao ser misturada com água, a poção resultante é uma espécie de tônico que dizem ser ótimo para o vigor sexual.

Com suas cores vibrantes, as **pinturas do Haiti e da República Dominicana** são vendidas por todo o país. As telas mais baratas, pequenas, custam poucos dólares, mas se você procura trabalhos de qualidade, vá a uma loja especializada. **Juan Medina** (Calle Mercedes 153) é um dos muitos artistas dominicanos que têm espaço em galeria, ou então visite a Casa de Teatro, originalmente uma companhia de teatro experimental, mas que abriga hoje diferentes tipos de arte.

Outro suvenir associado à história do Caribe e à RD são as **moedas espanholas**, especialmente as moedas de prata de *real*, as "peças de oito". É provável que custem mais de US$100 no Museo de las Atarazanas (➤ 51, temporariamente fechado). Elas proporcionam uma ligação tangível e interessante com o passado histórico da principal rota dos galeões espanhóis, e com a era dos piratas e bucaneiros.

Se você quer ir a um shopping para comprar roupas de grife e outros itens familiares, a **Plaza Central**, na esquina da rua 27 de Febrero com a Troncoso fica bem no centro e tem ainda um **cinema**.

Onde... Se Divertir

As atrações históricas e as lojas da cidade com certeza irão mantê-lo ocupado durante o dia, mas a vida noturna daqui também é fantástica. Na verdade, ela é tão boa que é bem provável que você curta a noite inteira e perca a programação de atrações do dia seguinte. Além de bares e casas noturnas, há muitos locais que oferecem música ao vivo e dança, em especial em volta da Zona Colonial. Também há muitos cassinos, teatros, cinemas, centros culturais e vários festivais, que oferecem escolhas diversificadas de atividades de entretenimento para todos.

BARES E CASAS NOTURNAS

O passatempo nacional na República Dominicana é dançar e ouvir merengue e *bachata*, e em qualquer visita ao país é obrigatório dedicar uma noite a eles. Há muitos locais para escolher, e, se você estiver hospedado em algum dos hotéis do **Malecón**, talvez descubra que o próprio clube noturno de seu hotel oferece música e dança. Os que ficam no **Renaissance Jaragua** e no **El Napolitano** são muito populares. Um pouco mais a oeste, na Avenida Mirador del Sur, o **Guá Cara Taína** é o local mais frequentado por turistas. É uma caverna imensa em vários níveis onde bandas ao vivo tocam todas as noites sucessos da música popular internacional e local.

A **Zona Colonial** também tem muitos bares onde músicos tocam ao vivo toda noite. Os bares que ficam no lado oeste da Plaza España são bons para quem gosta de agito, particularmente o **Atarazana 9**, mas há muitas outras alternativas. Se você está mais no clima de sentir a vibração local, tente algo como o **Bobo's**, na Calle Hostos (➤ 45).

CASSINOS

Se você aprecia as emoções de jogar, vai encontrar muitos parceiros nos diversos cassinos que anunciam sua presença com extravagantes luminosos de neon. O **Hispaniola Hotel**, junto ao Santo Domingo Hotel (➤ 60), tem provavelmente o luminoso mais bizarro da ilha e oferece inúmeras maneiras de você arriscar seu dinheiro.

TEATROS E CINEMAS

Se o que você procura é alta cultura, informe-se na imprensa local, consultando por exemplo o jornal *Listin Diario*, em espanhol, para ver quais os espetáculos de **ópera, balé e música erudita** estão sendo apresentados no Teatro Nacional ou no Palacio de Bellas Artes.

Se você se inclina mais para um grande lançamento de Hollywood, ligue para alguns dos cinemas em shoppings e confira os filmes, e se são dublados e em que língua.

FESTIVAIS

Quase todo mês há algum festival na República Dominicana (➤ 11-13), e vários deles merecem que você planeje as férias para a época em que acontecem. Em todos os domingos de fevereiro o Carnaval é celebrado na Calle El Conde e no Malecón, e de fim de julho a início de agosto o Malecón é sede do **Festival do Merengue**, o evento mais vibrante da RD. Esses eventos são uma ótima oportunidade de se divertir e de fazer amigos entre os dominicanos.

Litoral Norte

Como Se Localizar

O litoral norte da República Dominicana é uma das regiões mais populares do país, e é fácil descobrir por quê. Ele não só tem uma série infindável de lindas praias, como também abriga a cidade histórica de Puerto Plata e o local do primeiro assentamento de Colombo, em La Isabela.

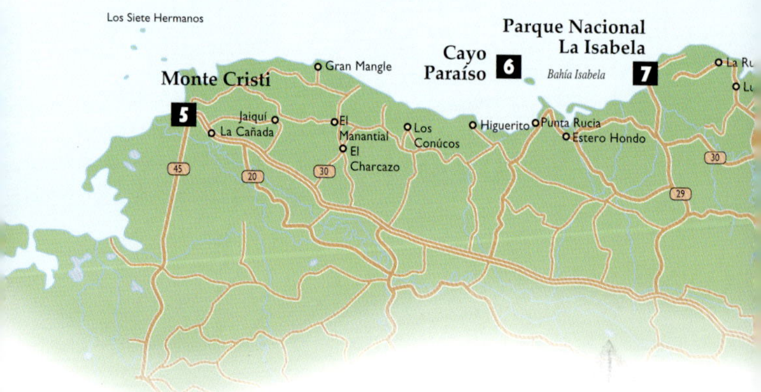

A grande maioria dos visitantes fica nos grandes resorts *all-inclusive*, logo a leste de Puerto Plata, na Playa Dorada, onde existem cerca de 14 hotéis à beira-mar. Esses resorts oferecem tudo o que alguém em férias pode querer, mas seria uma pena visitar esta área sem conhecer de perto as curiosas casas em estilo vitoriano, o museu do âmbar e a Fortaleza de San Felipe em Puerto Plata. Outra experiência que você não deve perder é um passeio de bondinho até o pico Isabel de Torres, para ter uma vista panorâmica da cidade e do litoral.

Mais adiante, não deixe de ver as ilhas a oeste, como Monte Cristi, Punta Rucia e La Isabela, que são um paraíso para os mergulhadores. Para leste, as cidades de Sosúa e Cabarete são muito procuradas por quem viaja por conta própria. Ambas têm excelentes praias, e Cabarete é um caleidoscópio de cores com o pessoal que brinca nas ondas com windsurfe e kitesurfe. Mais para leste ainda, a calma cidade de Río San Juan tem uma tranquila laguna, a laguna Gri Gri, e perto daqui fica também Playa Grande, uma das praias mais conhecidas deste magnífico litoral.

Na pág. anterior: windsurfe em Cabarete
Abaixo: tomando água de coco em Playa Dorada

★ Destaques

1. Bondinho até o Pico Isabel de Torres ➤ 70
2. Puerto Plata ➤ 71
3. Sosúa ➤ 73
4. Cabarete ➤ 74

Atrações

5. Monte Cristi ➤ 76
6. Cayo Paraíso ➤ 76
7. Parque Nacional La Isabela ➤ 77
8. Río San Juan e Laguna Gri Gri ➤ 77
9. Playa Grande ➤ 77

Aprecie o litoral do Atlântico do alto do pico Isabel de Torres, explore os edifícios históricos do centro de Puerto Plata e confira as concorridas praias de Sosúa e Cabarete.

O Litoral Norte em Três Dias

Primeiro Dia

Manhã

Vá até a entrada do 1 **bondinho** (➤ 70), a sudoeste de Puerto Plata, para o passeio até o alto do **Pico Isabel de Torres**. Curta a vista espetacular do alto e desça sem pressa, apreciando as casas coloridas (acima).

Tarde

Depois de respirar o ar da montanha, você deverá estar com bastante fome. Volte à cidade e almoce em algum dos muitos restaurantes perto do **Parque Central** (também conhecido como Parque Independencia), e depois comece a explorar 2 **Puerto Plata** (➤ 71-72), com suas lindas casas vitorianas. Confira também a **Fortaleza de San Felipe**, do século 16, no litoral, logo ao norte da cidade.

Noite

Faça uma refeição tranquila no Café Cito (➤ 80), e depois dance um pouco de merengue e *bachata* até a madrugada na casa noturna La Barrica (➤ 82), que atrai muitos residentes toda noite.

Segundo Dia

Manhã/Tarde

Se você gosta de locais históricos, faça o passeio pelo 7 **Parque Nacional La Isabela** (► 77) para ver as ruínas do primeiro assentamento de Colombo na RD. Se preferir ver um pouco da fascinante vida marinha da região, faça o passeio até 6 **Cayo Paraíso** (► 76-77) para nadar em torno dos recifes e ver peixes tropicais.

Noite

Se não sentir necessidade de descansar, vá até o Playa Dorada Plaza, alguns quilômetros a leste de Puerto Plata, e confira o agito do Hemingway's Café (► 82).

Terceiro Dia

Manhã

Siga para leste pelo litoral até 3 **Sosúa** (► 73), sede histórica da comunidade judaica da DR, com lojas muito chiques (acima) e uma linda praia (abaixo).

Tarde/Noite

Vá para leste até 4 **Cabarete** (► 74-75), paraíso do windsurfe e do kitesurfe e um dos redutos mais populares do país para quem viaja por conta própria. Se não tiver que dirigir de volta ou seguir adiante à noite, demore-se mais um pouco num dos restaurantes à beira-mar de Cabarete.

Bondinho até o Pico Isabel de Torres

Esta saída para ver a linda vista do litoral do Atlântico a partir do pico Isabel de Torres é memorável, especialmente num dia claro, quando é possível avistar um bom trecho da costa do Atlântico esparramando-se a nossos pés.

Subida até o pico Isabel de Torres

Cada bondinho leva cerca de 20 pessoas, mas o passeio é tão concorrido que você provavelmente gastará uma hora para subir e o mesmo tempo para descer. O trajeto de 10 minutos no bondinho e o ar puro a 790m de altitude mantêm seus sentidos aguçados.

Do alto, num dia claro, é possível vislumbrar o centro de Puerto Plata e a **Fortaleza de San Felipe** (➤ 72) projetando-se no Atlântico. A leste (direita) da cidade fica a unidade de engarrafamento da Brugal Rum, e mais adiante os grandes resorts de Playa Dorada. No alto do pico há uma estátua do Cristo Redentor de 16m de altura, réplica da do Rio de Janeiro. Uma foto muito popular é aquela que mostra dois amigos, um debaixo de cada braço estendido do Cristo, dando a impressão de que eles tocam sua cabeça, abençoando-os.

FAÇA UMA PAUSA

Há um café que vende bebidas e lanches na base da estação do bondinho, e um quiosque similar no alto do pico.

181 E5
A entrada é pela Avenida Teleférico, na região sudoeste de Puerto Plata, perto da avenida Circunvalación Sur
586 2122
Diariam. 8h30-17h
Moderado

POR DENTRO DO PICO ISABEL DE TORRES

Dicas Este é um excelente passeio num dia claro, mas, se estiver nublado não vale a pena. Vá de manhã, pois o pico costuma ficar nublado lá pelo meio-dia.

- Para **evitar demoras**, chegue por volta das 8h30.
- Não se esqueça de trazer **câmera** e binóculos.

2 Puerto Plata

Puerto Plata é a maior cidade do litoral norte da República Dominicana, e vale a pena conhecer suas curiosas casas vitorianas, seu museu do âmbar e seu forte do século 16. A cidade também abriga vários festivais e tem uma agitada vida noturna.

Puerto Plata recebeu este nome de Colombo, em sua histórica viagem de 1492. Alguns acham que o nome se deve ao brilho prateado das águas da baía à luz do sol; outros, que ele deriva do verso prateado das folhas ao vento. Apesar das origens nobres, a cidade costumava ser evitada pelos navios durante os séculos 16 e 17 por sua fama de abrigar **piratas**. Ela só prosperou no final do século 19, como um dos principais centros da grande expansão do **tabaco**. Datam dessa época suas curiosas casas, com elaboradas sacadas e frisos e molduras de janela esculpidos.

Um bom lugar para começar a explorar a cidade é o **Parque Central**, bem no centro. Todos os edifícios em volta da praça são atraentes e vale a pena vê-los de perto, especialmente a **Catedral San Felipe**, com seu desenho Art Déco. Há várias lojas na vizinhança que vendem suvenires típicos do país. As ruas vizinhas têm bons exemplos de arquitetura vitoriana.

Um edifício muito bem preservado com este tipo de arquitetura é o do **Museo de Ámbar**, que no andar superior mostra o fascinante processo pelo qual o âmbar se forma, com explicações claras em inglês. Há diversos exemplos de "inclusões" – insetos, folhas ou lagartos eternamente abraçados pela substância translúcida. A iluminação mostra a resina em todo o seu esplendor e desperta o desejo de comprar um suvenir na loja do térreo.

A Fortaleza de San Felipe, edifício mais antigo de Puerto Plata

Localizada em um promontório ao norte da cidade antiga, a **Fortaleza de San Felipe** se projeta no Atlântico. Apesar de ter sido construída para proteger a cidade e a baía, ela foi usada com mais frequência como prisão, e já abrigou figuras importantes, como Juan Pablo Duarte, um dos fundadores da nação. O forte foi a única construção da Puerto Plata que conseguiu sobreviver ao incêndio de 1605, o que faz dele o edifício mais antigo da cidade. Você pode subir nas torres normais e nas torres dos canhões, ou dar uma olhada na velha prisão, onde há um pequeno museu com uma exposição de algumas correntes de prisioneiros e bolas de canhão, entre outras peças.

Parque Central, conhecido também como Parque Independencia

FAÇA UMA PAUSA

Na parte externa do Museo de Ámbar encontra-se uma pequena lanchonete, mas se você quiser algo mais substancioso para comer, encaminhe-se ao **Sam's Bar** (➤ 80), nas imediações do Parque Central, que oferece pratos como hambúrgueres e filés, além de especiais do dia.

Museo de Ámbar
186 C2
Calle Duarte, a leste do Parque Central
586 2848; www.ambermuseum.com
Seg-sáb 9h-18h
Barato

Fortaleza de San Felipe
186 B1
Avenida General Gregorio Luperón
Qui-ter 11h-19h
Barato

POR DENTRO DE PUERTO PLATA

Dica No Parque Central ou na Fortaleza de San Felipe, é provável que você seja abordado por **guias independentes** oferecendo-se para lhe mostrar a cidade, embora seus serviços não sejam realmente necessários. Recuse de modo taxativo, se não eles vão grudar no seu pé.

Para saber mais Para conseguir mais informação a respeito do que está acontecendo na cidade e seus arredores, visite o site www.popreport.com
• Para se informar a respeito de eventos como **concertos ou exposições** na cidade, confira o site www.puertoplatainfo.com

3 Sosúa

Localizada 24km a leste de Puerto Plata, Sosúa é uma pequena cidade costeira com uma belíssima praia de enseada de areia dourada. Suas águas calmas são protegidas por um recife de coral, o que a torna ideal para banhos, e suas ruas são cheias de cafés aconchegantes e lojas de artesanato.

As origens de Sosúa estão bem distantes do turismo. A cidade foi fundada no final do século 19 pela United Fruit Company como um porto para o despacho marítimo de **bananas** das plantações vizinhas. Em poucas décadas o negócio havia declinado, e a cidade ficou abandonada até 1940, quando, num gesto aparentemente humanitário, o presidente Trujillo convidou cerca de 350 famílias de judeus alemães e austríacos a se instalarem nela. Poucos são hoje os judeus residentes em Sosúa, mas ainda há uma pequena **sinagoga**, situada em El Batey.

Uma praia de Sosúa

FAÇA UMA PAUSA
Hospede-se no **On the Waterfront**, no final da Calle Dr. Rosen. Há lindas vistas, deliciosos frutos do mar e preços moderados.

181 E5

Museo de Sosúa
Calle Martínez
Seg-sex 9h-13h, 14h-16h
Caro

POR DENTRO DE SOSÚA

Dica O **festival de jazz** anual de Sosúa, em outubro, atrai grandes músicos dos Estados Unidos e de todo o Caribe.

Para saber mais Se quiser saber mais a respeito da comunidade judaica de Sosúa, visite o **Museo de Sosúa**, vizinho à sinagoga. Ele mostra o desenvolvimento da comunidade por meio de fotos e de objetos pessoais.

4 Cabarete

Fanáticos por ondas do mundo todo vão a Cabarete testar sua habilidade com velas e, cada vez mais, com pipas. Para iniciantes, há várias empresas que oferecem aulas tanto de windsurfe como de kitesurfe (às vezes também chamado de kiteboarding), já com todo o equipamento incluído.

A história de Cabarete é ainda mais curta que a de Sosúa. Aqui não havia absolutamente nada até a década de 1980, quando o conhecido windsurfista Jean Laporte declarou-a como praia ideal para o esporte. Hoje ela é um dos destinos mais populares do litoral norte, particularmente para quem viaja por conta própria, com muitos hotéis baratos, bares, restaurantes e lojas de conveniência espalhados pela rua principal.

Acima: windsurfistas em Cabarete
À direita: kitesurfe perto de Cabarete

Por ser relativamente nova, a cidade é um pouco sem personalidade, mas o pique festeiro da galera do surfe a faz ferver até tarde da noite e deixa a praia deserta de manhã. As tardes também são mais acariciadas por uma boa brisa, por isso esta é uma ótima hora para ir à praia.

A baía parece ter sido projetada para o **windsurfe**, com ventos vindos preferencialmente do leste, que facilitam ir até os recifes e depois surfar pelas ondas de volta à praia, que ganhou o divertido apelido de **Bozo Beach**. Alguns especialistas fazem manobras incríveis, e vale a pena levar binóculos para ver mais de perto suas espetaculares cambalhotas sobre as ondas.

Cerca de 3km a oeste de Cabarete, em outra idílica praia de areia branca, os craques da modalidade relativamente nova do **kitesurfe** criam cenas ainda mais excitantes do que as proporcionadas pelo pessoal do windsurfe. Usando uma pipa colorida em lugar da vela para dar o impulso, os praticantes da modalidade que dominam a técnica fazem saltos ainda mais ousados do que os dos windsurfistas. Num dia movimentado, o espetáculo de pipas coloridas contra o céu azul e dos praticantes deslizando sobre as ondas é impressionante.

À noite, Cabarete vira um dos lugares mais agitados do país, com música dançante ao vivo e gravada tocando nos muitos **bares** ao longo da rua central.

FAÇA UMA PAUSA

Com ótima localização na praia central e boa visibilidade de todo o movimento, a **Casa del Pescador** (➤ 80) serve frutos do mar excelentes, com vários acompanhamentos, e um forte aperitivio de rum.

181 F5
30km a leste de Puerto Plata
Guagua de Puerto Plata e Sosúa

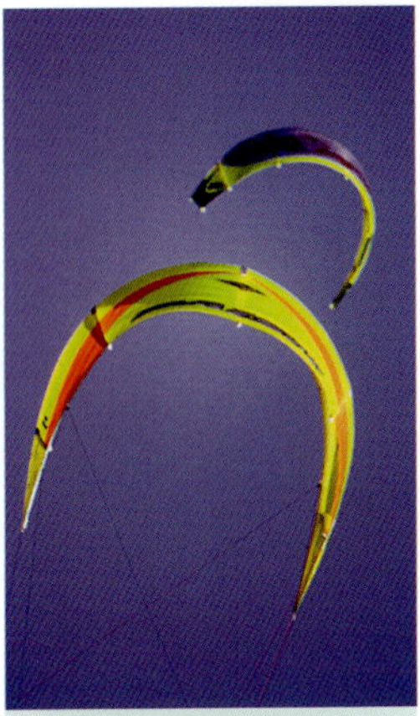

Um Litoral Colorido

Todo o litoral norte entre Monte Cristi e Río San Juan é muitas vezes chamado de Costa do Âmbar, pela proximidade das minas de âmbar de Puerto Plata, embora seja também chamado de Costa da Prata, por causa da própria cidade de Puerto Plata. Outra ambiguidade é em relação ao termo Costa del Coco, que às vezes se refere à costa leste perto de Bávaro e Punta Cana e outras vezes a trechos do litoral norte. (Para evitar confusões, aqui usamos apenas as expressões litoral norte e litoral leste.)

POR DENTRO DE CABARETE

Dicas Como Sosúa, Cabarete também é sede de um **festival de jazz** em outubro. Há também um mês de festas, o chamado Cabarete Alegría, em fevereiro, e uma corrida internacional de windsurfe de uma semana em junho. Nessas épocas, os hotéis ficam cheios, e os preços das diárias são mais altos.
• Os hotéis na ponta oeste da praia que atendem a praticantes do kitesurfe costumam ter anúncios de **equipamento usado à venda**.

Atrações

5 Monte Cristi

Situada no extremo noroeste da República Dominicana, Monte Cristi é um dos pontos mais distantes da ilha. A oeste de Puerto Plata, a paisagem vai ficando mais árida conforme nos aproximamos da fronteira com o Haiti, mas a pequena cidade de Monte Cristi pode ser interessante para quem gosta de aventura. As atrações principais para os visitantes são as praias, especialmente a Playa Bolanos, e o Parque Nacional Monte Cristi. Na parte leste do parque fica El Morro, um planalto elevado com degraus que levam até o seu ponto mais alto. A parte oeste tem mangues, lagunas e o grupo de ilhotas Los Siete Hermanos, onde tartarugas marinhas depositam seus ovos. Os hotéis locais promovem passeios de barco pelo parque, onde se podem avistar garças e pelicanos.

180 B5
Parque Nacional Monte Cristi
Diariam. 8h-17h **Barato**

Monte Cristi foi fundada em 1533

6 Cayo Paraíso

Cayo Paraíso é um dos melhores locais para mergulho do Caribe, e os passeios são organizados por intermédio da maioria dos hotéis do litoral norte. Um recife de coral rodeia a ilha, e é impressionante a variedade de tamanhos, formas e cores dos peixes tropicais que nadam velozes pelas suas reentrâncias. Em contraste, a ilha nada mais é do que uma faixa de areia na água. Chega-se até ela de lancha a partir do porto de Punta Rucia, que fica a umas duas horas de carro a oeste de Puerto Plata. Algumas poucas cabanas simples feitas de folhas de coqueiro oferecem um pouco de sombra, mas a maioria dos que vêm para ficar um dia prefere passar o tempo curtindo os mágicos recifes ou tomando sol nas suas finas areias. Na volta, as lanchas passam por estreitos canais no mangue, e os visitantes ganham um almoço em Punta Rucia antes de voltar para a base.

Entre as empresas locais de turismo mais confiáveis, você pode tentar a El Paraíso Tours, Puerto Plata (tel. 320 7606, www.cayoparaiso.com)

180 C5 Punta Rucia

7 Parque Nacional La Isabela

Ao voltar e encontrar seu primeiro assentamento no que hoje é o Haiti, Colombo navegou mais para leste e fundou La Isabela, nome dado em homenagem à rainha da Espanha. Embora a localização fosse boa, dentro de uma baía protegida, não havia água potável e o solo não era fértil, o que o levou a abandoná-la em favor de Santo Domingo. Pouco resta desse assentamento hoje, mas um museu exibe ferramentas, joias e moedas da época. O museu ainda destaca relatos da vida dos tainos e dos espanhóis colonizadores, além de uma reconstrução de um assentamento taino na parte externa.

180 C5 50km a oeste de Puerto Plata Diariam. 8h-17h30 Barato

Criança brinca na praia na pacata cidade de Río San Juan

8 Río San Juan e Laguna Gri Gri

Se você quer passear pelas ruas de uma típica cidade dominicana ainda não invadida por estrangeiros, então vá até Río San Juan. Situada cerca de 65km a sudeste de Sosúa, Río San Juan é um local muito acolhedor. Tem também alguns hotéis razoáveis e vários restaurantes. Há operadoras de turismo que promovem mergulhos aqui e também passeios até a laguna Gri Gri, um mangue cheio de aves marinhas.

182 A5 Carretera 5, perto do Parque Nacional Francisco Viejo

9 Playa Grande

Poucos quilômetros a leste de Río San Juan, Playa Grande é uma das mais espetaculares faixas de areia do litoral norte. É muito popular entre os dominicanos, e você pode achar o básico de comida e bebida na sua ponta leste. As ondas aqui são fortes, e a cor da água, irresistível, mas tome cuidado com as fortes correntes, que fazem vítimas fatais todos os anos.

182 A5 Carretera 5, perto do Parque Nacional Francisco Viejo

Onde... Ficar

Preços
Diárias prováveis para quarto de casal, sem os 26% de taxas (10% de serviço, 16% de imposto)
$ menos de US$70 **$$** US$70 a US$130 **$$$** mais de US$130

CABARETE

Kite Beach Hotel $-$$

Poucos quilômetros a oeste do centro de Cabarete, na Kite Beach – a praia mais popular entre os kitesurfistas – este hotel é ideal para quem quer aprender ou praticar este esporte. Há um espaço especial para limpar e guardar equipamento, o que é essencial no kitesurfe. O hotel tem 30 quartos (alguns com ar-condicionado, outros com ventilador) e 8 suítes com ar-condicionado. Um bar defronte à praia serve um bufê de café da manhã incluído na diária e oferece bela vista dos kitesurfistas. Há uma escola de kitesurfe no local e um mural anunciando equipamentos à venda.

181 F5 ✉ Carretera Punta Goleta ☎ 508 3674; fax 571 0278; www.kitebeachhotel.com

Viva Wyndham Tangerine $$$

Situado em uma floresta a três minutos de táxi do centro de Cabarete, o resort Viva Wyndham, do tipo *all-inclusive*, tem uma bela praia em frente. São 221 quartos em prédios de dois ou três andares em tons pastel, em volta de uma incrível pisicina de formato indefinido. Os quartos são simples mas bem-equipados. Oferece vários esportes em terra e aquáticos, como mountain biking, cavalgadas, rafting, mergulho e kitesurfe. E dá aulas de salsa e merengue para você brilhar à noite na discoteca.

181 F5 ✉ Carretera Sosúa-Cabarete ☎ 571 0381; fax 571 9550; www.wyndham.com

PUERTO PLATA

Castilla $

Este pequeno local com apenas nove quartos, no centro de Puerto Plata, tem acomodações simples, limpas, a preços lá embaixo. Na verdade, o Hotel Castilla talvez tenha os quartos mais baratos do país. O edifício em estilo vitoriano foi construído na década de 1890, e proclama ter a pousada mais antiga da cidade no andar térreo, um restaurante e bar hoje chamado Sam's Bar (➤ 80). O edifício está pintado em cores vivas e tem sacadas pitorescas voltadas para a rua. Alguns dos quartos têm banheiro privativo, e há ainda um apartamento com cozinha e banheiro, alugado por mês.

186 D2 ✉ Calle José del Carmen Ariza 34 ☎ 586 7267

Club Hotel Riu Bachata $$$

Um dos três hotéis individuais que compõem um Riu "super resort", o Bachata está a 9km do centro de Puerto Plata. Seus 610 quartos ficam em blocos de três ou quatro andares junto a um promontório rochoso, abrigados por encostas com bosques. Os quartos são bem-equipados, em tons neutros. As praias de ambos os lados da propriedade estão mais para enseadas do que para mar aberto, e pode-se nadar com bastante tranquilidade. Há três restaurantes no local, mas os hóspedes podem comer também em outros resorts Riu. Oferece várias atividades no local, além de uma aula introdutória de mergulho (cortesia). No El Million Casino você pode apostar suas fichas.

181 E5 Bahia de Maimon Puerto Plata 320 1010; fax 320 1717; www.riu.com

Oasis Marien Hotel $$$

Situado num excelente trecho de praia próximo de Puerto Plata, este resort cinco-estrelas, do tipo *all-inclusive*, com 325 quartos, virou Oasis Marien Hotel em 2007. As áreas comuns têm um toque tropical, sob tetos de sapé dispostos em torno da piscina principal em formato indefinido. Os quartos são de diversas categorias, mas todos bem-equipados, e alguns têm camas de dossel com mosquiteiro. Há quatro restaurantes no local e quatro bares espalhados pelo resort.

181 E5 Cerretera Luperon, Puerto Plata 320 1515; www.globalia-hotels.com

Occidental Grand $$$

Situado na Playa Dorada e cercado pelo verde exuberante de um campo de golfe de 18 buracos projetado por Robert Trent Jones, o Occidental Grand é um resort cinco-estrelas com extensa programação e sete restaurantes no local para você escolher, o que deve manter ocupadas até as famílias mais agitadas. Entre os esportes incluídos na diária estão tênis, vôlei, caiaque, windsurfe e mergulho. Há um clube infantil bem organizado com atividades e um show toda noite. Os quartos standard são iluminados e arejados, com bonito piso de terracota, mas há diversas categorias de quartos à sua escolha. O Royal Club oferece confortos adicionais aos hóspedes, como uma piscina privativa.

181 E5 Playa Dorada 320 5084; fax 320 6319; www.occidentalhotels.com

Porto Fino Guest House $

Localizado cerca de 1km a leste do centro de Puerto Plata, em uma área tranquila perto da praia, este edifício de um andar com apenas 18 quartos é ideal para aqueles que não se sentem bem em resorts com centenas de quartos. Os quartos têm ar-condicionado, são limpos e confortáveis, cada um com seu banheiro. Há também uma piscina debaixo de uma ampla mangueira e um restaurante que serve comida *criolla* barata e saborosa.

181 E5 Avenida Las Hermanas Mirabal 12, Puerto Plata 586 2858; fax 586 5050

SOSÚA

Sosúa Bay Hotel $$$

Este bonito hotel *all-inclusive* tem localização sensacional, sobre um rochedo na ponta leste da Bahía de Sosúa, com a clássica vista de águas azul-turquesa, areia dourada e barcos flutuando ao largo. A maioria de seus 193 quartos compartilha esta vista maravilhosa, e o desenho colonial do edifício, junto com a atenção aos detalhes na decoração, ressalta a sensação de elegância por toda parte. Tem quatro restaurantes, três piscinas, hidromassagem e esportes aquáticos gratuitos.

181 E5 Calle Dr Alejo Martínez 1 571 4000; www.starzresorts.com

Waterfront $

Os quartos simples mas confortáveis do Waterfront têm boa relação custo-benefício. Com o slogan "sem pulseirinhas, sem jogos em grupo", o hotel aprimora a experiência dos resorts *all-inclusive* e agrada àqueles que gostam de se divertir do seu jeito. Do mesmo modo, embora tenha programação interna de refeições, estimula os visitantes a sair e provar algum entre as centenas de restaurantes da cidade, embora, verdade seja dita, o seu seja um dos melhores (► 80). O hotel fica localizado na parte leste da cidade, junto a uma pequena praia, num ponto conhecido localmente como "mirante". A vista do pôr do sol a partir do terraço da piscina é imperdível.

181 E5 Calle Dr Rosen 1, Sosúa. 571 2670; fax 571 3586; www.hotelwaterfront.com

Onde... Comer e Beber

Preços
Preços prováveis por pessoa por uma refeição, sem bebida, gorjetas e taxas (26%)
$ menos de US$15 **$$** US$15 a US$25 **$$$** mais de US$25

CABARETE

Casa del Pescador $$-$$$

Este pequeno restaurante na praia, bem no meio de Cabarete, não parece ter nada de especial, mas ganhou a reputação de servir os melhores frutos do mar da cidade, num cenário bem competitivo.

Ao chegar, um aperitivo de rum de graça – tática inteligente, pois depois disso tudo tem sabor melhor, seja caranguejo, lagosta ou espaguete com frutos do mar. Todos os pratos são acompanhados de arroz, fritas e salada, e há algumas poucas opções de sobremesas.

181 F5 ✉ Carretera 5 ☎ 571 0760 ⌚ Diariam. 12h-23h

PUERTO PLATA

Café Cito $$

Administrado por um canadense, este local se proclama um "jazz/blues bistrô" e se especializou em pratos como filé-mignon, costeleta de porco e peito de frango a preços moderados, com trilha sonora de qualidade. O restaurante mudou-se do endereço no centro de Puerto Plata para um ponto perto da entrada dos resorts *all-inclusive* de Playa Dorada, com a clara intenção de fazer alguns de seus hóspedes abrirem mão do bufê por um dia. Organiza um passeio semanal pelos bares locais (➤ 82).

181 E5 ✉ Plaza Isabela, Km 3,5 Carretera Puerto Plata-Sosúa ☎ 586 7923 ⌚ Seg-sáb 11h-24h; dom 17h-24h

Jardín Suizo $$

O cardápio suíço é uma boa alternativa para as comidas *tex-mex* e o fast-food americano, embora o local também ofereça alguns pratos dominicanos. Os especiais do dia podem incuir sopa ou uma salada, e há uma bela vista para acompanhar a refeição.

186 B4 ✉ Avenida Circunvalación 13-A ☎ 586 9564 ⌚ Seg-sáb 12h-23h

Sam's Bar $-$$

Este local no térreo do Hotel Castilla (➤ 78), no centro de Puerto Plata, atende principalmente estrangeiros que procuram comida mais caseira, e por isso é popular no café da manhã e para pratos de padrão ocidental, como hambúrgueres. Os especiais do dia têm boa relação custo-benefício, assim como o café da manhã. É barato e a atmosfera é sempre amistosa.

186 D2 ✉ Calle José del Carmen Ariza 37 ☎ 586 7267 ⌚ Diariam. 7h-24h

SOSÚA

On The Waterfront $$-$$$

Mesmo que você não se hospede no Waterfront de Sosúa (➤ 79), é bom dar um pulo aqui para curtir a vista sensacional, particularmente na hora do pôr do sol. A especialidade daqui são os frutos do mar, e há muitas opções tentadoras, como o excelente *surf and turf*, uma deliciosa combinação de filé com camarões.

181 E5 ✉ Calle Dr Rosen 1 ☎ 571 2670; fax 571 3586 ⌚ Diariam. 7h-23h. Happy hour 16h-18h

Onde... Comprar

Com lojas de presentes na maioria dos hotéis, vendedores ambulantes na praia e atraentes butiques nas ruas, fazer compras não é problema no litoral norte da República Dominicana. O balneário de Puerto Plata oferece a maior variedade de produtos, mas há boas oportunidades de compras também em Playa Dorada.

Embora haja alguns suvenires à venda nos hotéis e resorts da região – particularmente nos do tipo *all--inclusive* – a variedade de itens é limitada. Mas é possível combinar um passeio turístico por **Puerto Plata** com compras nas boas lojas de artesanato e de presentes perto do **Parque Central**. A **Canoa** (Calle Beller, seg-sáb 9h-18h; dom 10h-13h) tem atraentes imagens esculpidas em madeira de mangueira e mogno, além de uma impressionante seleção de **joias** feitas de âmbar, *larimar* e coral--preto, embora caiba lembrar que o coral-preto é uma espécie em extinção. Atrás da loja há uma oficina, onde se pode encontrar um pintor ou escultor trabalhando. Outro ponto bom de pesquisar presentes é a **Galería de Ámbar** (Calle 12 de Julio, seg-sáb 8h30-18h), que não deve ser confundida com o **Museo de Ámbar** (➤ 54), que também tem uma boa loja de presentes. No andar de cima há um pequeno museu com artesanato e produtos dominicanos, e no térreo há uma variedade de sugestões de presentes, como camisetas, pinturas haitianas e joias de âmbar.

Ao sul do Parque Central e distantes entre si algumas quadras, o **Mercado Nuevo** (Calle Isabela de Torres com Villanueva, diariam. 8h-21h) e o **Mercado Viejo** (Calle Ureña com Separación, diariam. 8h-18h30) valem a visita, não só pela possibilidade de encontrar de repente um ótimo presente, mas também para sentir o pulso da vida dominicana. O primeiro é um edifício lotado de bancas com pinturas haitianas, camisetas, charutos e outros suvenires típicos, onde os vendedores estão sempre dispostos a negociar o preço. O segundo, com preços fixos, é mais para os residentes, e vende artigos domésticos, mas tem ainda uma interessante *botanica*, que vende **artigos religiosos**, como imagens e velas.

Na periferia leste de Puerto Plata, beirando a movimentada Carretera 5, fica a **unidade de engarrafamento da Brugal Rum** (seg-sex 9h-12h, 14h-15h30, gratuito), onde os visitantes são bem-vindos para observar e mais ainda para comprar uma garrafa como lembrança. Aqui não há destilaria, e na verdade não é muito emocionante ver garrafas sendo enfiadas em caixas, mas há uma degustação gratuita do produto no final do passeio.

Convenientemente localizado entre os resorts *all-inclusive* de Playa Dorada, o **Plaza Playa Dorada** é um shopping cheio de **butiques finas**, que vendem joias, roupas e objetos de decoração. Aqui também há operadoras de viagens, lan houses, restaurantes e bares, e inúmeras oportunidades de observar pessoas. Menos de 1km a oeste da entrada para Playa Dorada, uma **loja de charutos** (chamada Cuevas y Hermanos Fabricantes de Cigarros, e que abre seg-sáb 12h-22h), localizada embaixo do Café Cito, vende algumas das melhores marcas a preços de fábrica. Quem pretende levar uma caixa pode fumar um de graça, tanto na loja como no andar de cima, no Café Cito. Os charutos vêm em caixas com 25 unidades e, embora não sejam baratos – entre US$60 e US$100 a caixa –, têm preço bem menor do que em outros locais.

Onde... Se Divertir

Há muita diversão no litoral norte, de dia e de noite. A maioria dos hotéis e resorts oferece muitas opções de esportes aquáticos e outras atividades, e há passeios organizados para aqueles que gostam de mudar um pouco de ambiente. As discotecas continuam populares e a maior parte dos grandes resorts tem a sua, que toca sucesssos locais e internacionais. A maioria oferece também algum tipo de espetáculo noturno, e os bares e clubes do litoral mantêm os seus clientes animados dançando o ritmo irresistível do merengue e da *bachata*.

PASSEIOS DE UM DIA

Se você se cansar de ficar na praia, pode inscrever-se em algum dos muitos **passeios de um dia**, como os de **mergulho** em alguma das ilhas do litoral ou os de **rafting** nas montanhas. Eles em geral já incluem todo o equipamento necessário, assim como comida e bebida. A maioria dos hotéis tem informações sobre os passeios disponíveis, e você pode também consultar os sites das operadoras de passeios listados na seção Como Circular (➤ 39).

ESPORTES

Para os fãs de esportes, o litoral norte da RD tem não apenas as melhores praias do mundo para **windsurfe** e **kitesurfe**, mas também alguns **campos de golfe** de primeiro nível em Playa Dorada (tel. 320 3472) e Playa Grande (tel. 582 0860). Quanto aos esportes, entre novembro e fevereiro há jogos de **beisebol** no Estádio de Beisebol de Puerto Plata, que é onde a Circunvalación Sur encontra com as Avenidas Ginebra e Hermanas Mirabal.

BARES E CASAS NOTURNAS

Quanto à vida noturna, há muitos bares em Puerto Plata para estrangeiros residentes e para visitantes, e entre eles o **Café Cito** (➤ 80) é uma boa escolha para **jazz e blues** ao vivo. O proprietário, canadense, também organiza um passeio semanal, o Pub Crawl, que leva os participantes até cinco bares locais situados à beira da praia, entre Puerto Plata e Cabarete. Para um toque mais dominicano, vá até o **La Barrica**, na Circunvalación Sur 35/Avenida Colón, depois da meia-noite (em geral está vazio antes disso), peça um *servício* (uma garrafa de rum, duas Cocas e gelo), e deixe seu corpo balançar ao ritmo da música. A clientela aqui é quase só de dominicanos, e o lugar é bem escuro, mas o som latino é de ótima qualidade.

Situado no Playa Dorada Plaza, o **Hemingway's Café** também lota perto da meia-noite, com clientes dos resorts vizinhos que vêm ouvir e dançar os últimos hits dos EUA e da Europa. Há bandas ao vivo e sessões de karaokê. Bem em frente ao Hemingway's, no Paradise Resort, a **Crazy Moon Disco** fica aberta a todos e toca uma mistura de música dominicana e americana. A clientela é bem eclética, tanto em faixa etária e como na nacionalidade, e há bons dançarinos na pista desde 23h até de madrugada.

Tanto **Sosúa** como **Cabarete** são bem abastecidas de bares, mas os estabelecimentos de Sosúa têm um ambiente mais tranquilo.

Península de Samaná

Como Se Localizar

Com pouco mais de 50km de comprimento por 10km de largura, a península de Samaná ocupa uma pequena parte da República Dominicana. Mas a alta concentração de belas paisagens, tanto nas montanhas como no litoral, faz dela uma das regiões mais atraentes do país, ideal para percorrer de carro e aproveitar as suas diversas atrações (➤ 161-163). Separada do continente de Hispaniola por um pântano intransponível até o fim do século 19, ela é geográfica e culturalmente distinta do resto da República Dominicana.

Na pág. anterior: rochedos em Los Haïtises
À direita: o atraente litoral de Samaná
Abaixo: a orla de Santa Bárbara de Samaná

Atualmente a maioria dos que visitam Samaná chegam entre janeiro e março para ver as baleias jubarte na baía (➤ 90-92) e depois voltam para os seus resorts no litoral norte ou no litoral leste. A península de Samaná tem alguns resorts isolados, mas nunca atraiu o mesmo número de

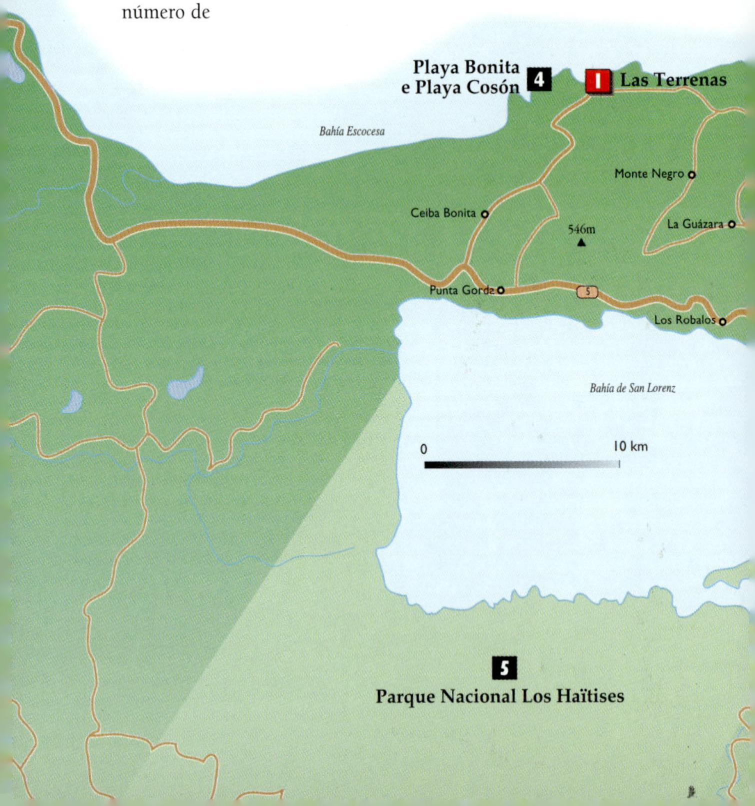

Destaques

Atrações

visitantes de Playa Dorada ou Punta Cana. No entanto, o aeroporto internacional, que foi inaugurado em 2006 perto de Samaná, e uma nova rodovia até Santo Domingo com certeza irão mudar as coisas. Las Terrenas já é uma cidade da península que atrai milhares de turistas independentes, e com atrações fabulosas como o salto El Limón e Playa Rincón, uma praia que parece saída de um sonho, Samaná vem se integrando cada vez mais aos roteiros turísticos dos viajantes.

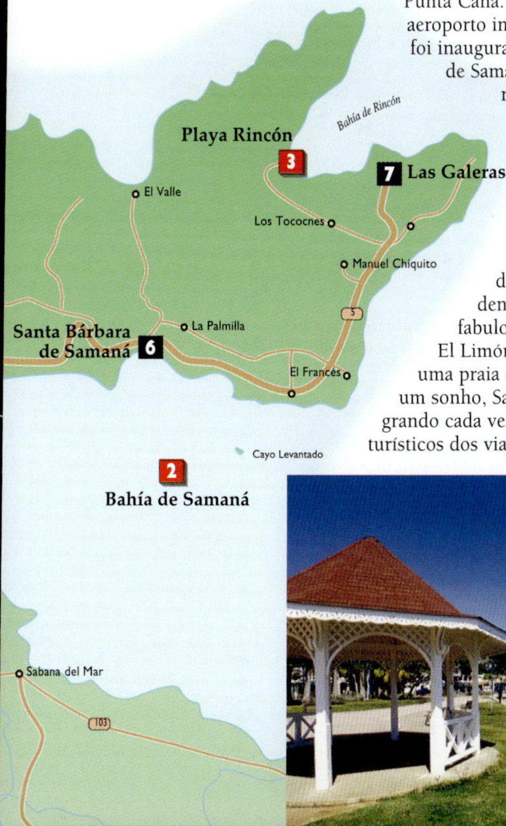

Relaxe na cidade de viajantes de Las Terrenas, veja as baleias em ação na Bahía de Samaná e visite uma das melhores praias do país, a Playa Rincón.

A Península de Samaná em Três Dias

Primeiro Dia

Manhã/Tarde

Instale-se na Playa Cacao, em **1 Las Terrenas** (➤ 88-89), com um bom livro e filtro solar, para um dia de relaxamento levado a sério. Quando ficar com fome ou sede, procure um dos muitos atraentes restaurantes a poucos passos de distância, como o La Salsa.

Se começar a se sentir inquieto, contrate um dos passeios de **mergulho** ou **cavalgada** na cachoeira El Limón (acima), ou alugue um quadriciclo e explore as praias vizinhas, como **4 Playa Bonita** (➤ 95).

Noite

Faça um passeio por Plaza Taína, Plaza Linda e El Paseo, três pequenos **shoppings** no centro da cidade onde você pode escolher alguns suvenires. Faça uma boa refeição de frutos do mar, e depois vá conferir a vida noturna no clube Nuevo Mundo (➤ 100).

Segundo Dia

Manhã

Se estiver por aqui entre meados de janeiro e meados de março, faça um 2 **passeio de observação de baleias** pela **Bahía de Samaná** (➤ 90-92), que normalmente leva umas duas horas, embora alguns passeios incluam outras atividades, como uma visita ao **Cayo Levantado** e durem um dia inteiro. Fora da temporada, você ainda pode aprender sobre baleias jubarte e seus hábitos no Nature Centre, na ponta oeste do porto de Samaná.

Tarde

Se sobrar tempo após o passeio, explore a pequena cidade de 6 **Santa Bárbara de Samaná** (➤ 95-96) – o mercado, La Churcha e a "Ponte para Lugar Nenhum", com seu nome insólito (acima).

Noite

Saboreie uma refeição em um dos muitos restaurantes da orla, e, depois de um romântico passeio à beira-mar pelo **Malecón**, vá até alguma casa noturna. Quando redigimos este guia, o Naomi (➤ 100) era o lugar da hora para dançar.

Terceiro Dia

Manhã/Tarde

Leve bastante comida e bebida com você neste passeio, pois nem sempre há vendedores nesta praia isolada. Siga a estrada do litoral para **leste de Samaná**, sentido Las Galeras, mas vire à esquerda 10km antes de Las Galeras para a 3 **Playa Rincón** (➤ 93-94), um pedaço de paraíso deserto. Passe o tempo do jeito que preferir – lendo um livro, comendo frutos do mar, boiando na água trasparente, curtindo o feliz isolamento.

Noite

Vá até 7 **Las Galeras** (➤ 96) onde há vários restaurantes e hotéis, e faça um passeio romântico pela praia de palmeiras antes de ir para a cama.

Las Terrenas

Junto com Cabarete, mais a oeste no litoral norte, Las Terrenas se tornou imensamente popular entre viajantes independentes, tanto pela disponibilidade de hospedagem barata como pelas lindas praias e pela receptividade da população local. Alguns visitantes ficam tão encantados com ela que montam negócios aqui, só para não ter mais de ir embora.

Os primeiros moradores da cidade, na década de 1940, vieram obrigados. Eram cerca de 30 famílias dos subúrbios de Santo Domingo enviadas para cá por Rafael Trujillo para livrar a capital dos sinais de pobreza que se espalhavam. Sem dúvida, esses moradores da cidade tiveram dificuldades em passar para a pesca e a agricultura para ganhar a vida, mas sobrevivem; o lugar cresceu e virou uma das vilas pesqueiras mais dinâmicas do litoral norte da península.

Até a década de 1970, Playa Cacao estava fora do circuito turístico

Viajantes independentes começaram a frequentar o local na década de 1970, sem dúvida atraídos pela Playa Cacao, praia boa para nadar, em frente à cidade. Naquela época, as estradas de acesso eram ruins, enquanto hoje há estradas pavimentadas de Las Terrenas para Samaná e Sánchez. Milhares de franceses, italianos, alemães, ingleses e canadenses vieram para cá na época, e alguns ficavam meses, o que criou um surto de expansão na cidade. Este é um dos poucos lugares do país onde se vê muita interação entre os locais e os visitantes estrangeiros.

Tudo o que o viajante pode desejar está concentrado em volta do centro de Las Terrenas, onde a estrada principal, que vem de Sánchez, encontra com a praia – restaurantes e bares com bebida e cozinha dominicana e europeia, uma mercearia sofisticada, shopping centers com lan houses e butiques de artesanato, agências de aluguel de motos e quadriciclos. Estes são muito populares, pois podem ir pratica-

Playa Bonita é uma das diversas praias tranquilas perto de Las Terrenas

mente a qualquer lugar e atravessar sem problemas praias de areia fofa. Também é muito comum as pessoas **andarem a cavalo** pela área; mergulho e windsurfe são igualmente muito populares.

Principal praia defronte à cidade, a Playa Cacao é excelente para nadar, já que fica protegida por um recife distante cerca de 100m. O próprio recife é um local razoável para **mergulhar**. Se precisar mudar um pouco de cenário, as praias Punta Popy e El Portillo, a leste, e Las Bellenas, Bonita e Cosón (► 95), a oeste, são todas lindas e também mais calmas do que a Playa Cacao.

Las Terrenas constitui uma base ideal para explorar a península de Samaná, e passeios até a cachoeira de salto El Limón, Samaná e a bela ilha de Cayo Levantado são fáceis de contratar com as operadoras locais. Ou você pode alugar um veículo e explorar por sua conta. Mesmo que você não decida instalar sua base aqui, vale a pena visitar a cidade por seu clima singular. Depois que anoitece, Las Terrenas ganha vida de fato, e casas noturnas como a Nuevo Mundo (► 100) mantêm o agito até tarde da noite.

FAÇA UMA PAUSA

São tantas as opções de restaurantes e bares em Las Terrenas que você poderia ficar horas escolhendo. Uma recomendação confiável é a **Brasserie Barrio Latino** (► 98), localizada no shopping El Paseo.

---

182 C4
100km a nordeste de Santo Domingo
Pousos no aeroporto El Portillo, de Santo Domingo e Puerto Plata

POR DENTRO DE LAS TERRENAS

Dica Las Terrenas fica **lotada** em julho e agosto, por isso planeje estar aqui nessa época se o que você quer é agito, ou outra época se quiser relaxar.

Para saber mais Para mais informações sobre a **Península de Samaná**, consulte o site www.samanaonline.com

2 Ver Baleias na Bahía de Samaná

Para muitas pessoas, a observação de jubartes no litoral da península de Samaná é o principal motivo de passar as férias na República Dominicana. Embora haja muitos outros lugares no mundo onde é possível observar baleias, na Bahía de Samaná, no início de cada ano, elas comparecem em grande número – e é certo que você poderá vê-las. A temporada vai de meados de janeiro a meados de março, quando praticamente toda a população de jubartes do Atlântico Norte – 10 mil animais! – se dirige às águas quentes do Caribe para brincar, namorar e se reproduzir.

Depois de passarem o verão vagando pelo Atlântico à procura de alimento, as baleias se dirigem para o sul e se reúnem junto aos Silver Banks, um grande recife cerca de 100km a nordeste de Puerto Plata. Daqui muitas delas seguem até as águas protegidas da Bahía de Samaná. Nas águas mais agitadas da parte exterior da baía, os machos competem pela atenção das fêmeas, e as águas mais calmas do interior da baía são ideais para as mães ficarem com suas crias recém-nascidas.

As **baleias jubarte** têm um modo peculiar de arquear o dorso ao mergulhar, e são famosas pelo temperamento brincalhão. Os estudiosos reconhecem os indivíduos pelo padrão característico em branco e preto de suas caudas – cada um distinto do outro. Se tiver sorte, você poderá vê-las **saltando** – pondo o corpo inteiro fora da água para cair com grande estrondo. Mas as baleias têm um repertório grande de manobras, como bater a cauda na água, rolar o corpo pela

A observação de baleias tornou-se muito popular nos últimos anos, e cada vez há mais barcos fazendo este passeio

Baleia jubarte prepara-se para mergulhar

superfície batendo as longas barbatanas, ou mergulhar fazendo a belíssima cauda se projetar para fora da superfície, preparando o corpo para uma descida até as profundezas.

Os machos da baleia jubarte se comunicam com sons que combinam roncos e guinchos. Eles são em geral inaudíveis da superfície, mas algumas companhias de turismo colocam um microfone na água que permite aos visitantes ouvir esses estranhos sons. Às vezes, porém, as baleias fazem um som forte, como de trompete, na superfície, que pode ser ouvido a grande distância. É interessante notar que, embora o canto das baleias mude um pouco durante sua estadia na baía, o canto que elas fazem no início de cada temporada é exatamente igual ao canto do final da temporada anterior.

Não se sabe ao certo se esses cantos e manobras de bater na água são apenas diversão ou fazem parte de um ritual de acasalamento, mas o certo é que os machos ficam o tempo todo disputando a atenção das fêmeas, que ficam férteis a cada dois anos. A gravidez de uma baleia jubarte dura cerca de um ano, por isso as que são concebidas num ano nascem na mesma área no ano seguinte. As mães aproveitam esse período de segurança na Bahía de Samaná para cuidar de sua prole e ensinar-lhes as técnicas básicas de sobrevivência. Com sorte, é possível ver um dos filhotes, que têm cor cinza-claro.

As jubartes crescem até 15m de comprimento e pesam cerca de 40 toneladas, estando entre **as maiores criaturas** do nosso planeta. Em vez de dentes, as baleias têm placas de queratina, usadas para filtrar o grande volume de água e manter apenas os pequenos peixes ou o krill que são ingeridos.

Deve-se controlar a curiosidade a respeito destas criaturas para não atrapalhar sua rotina migratória, que vem sendo cumprida há centenas de anos (os tainos fizeram pinturas delas nas paredes de suas cavernas bem antes da chegada de Colombo). Foi necessário colocar restrições à distância a que os barcos podem ficar, a fim de não perturbar estes gigantes mansos, por isso tenha paciência e espere até que as baleias se dignem a dar seu espetáculo enquano seu barco está perto.

FAÇA UMA PAUSA

Se você fizer um passeio de meio dia, na volta já estará no Malecón de Samaná, onde vários restaurantes servem um delicioso almoço. Para uma boa vista da baía e uma mudança nos hábitos alimentares, experimente o **Chino** (► 98), um restaurante chinês confiável com preços moderados, logo depois de La Churcha.

182 C3

As jubarte[s] podem ser vistas de perto

POR DENTRO DA OBSERVAÇÃO DE BALEIAS

Dicas A maioria dos passeios parte do porto de Samaná, dura algumas horas e custa perto de US$50. Pesquise bem a **operadora de passeios** e o barco – você pode simplesmente fritar ao sol se o barco não tiver cobertura.

- Uma **operadora de passeios confiável** é a Victoria Marine, tel. 538 2494, kimbeddall@usa.net
- Para os fanáticos, algumas operadoras organizam passeios mais demorados com encontros mais próximos com as baleias, incluindo **nadar e mergulhar** perto delas. Mas os cientistas receiam que isso possa estressar os animais, e os barcos que respeitam essa preocupação ficam a razoável distância delas.
- Se você não se interessa em fazer esses passeios, pode ver as baleias de longe do alto dos **rochedos** na ponta da península, a leste de Samaná.

3 Playa Rincón

Feche os olhos e imagine uma praia perfeita que se estende por vários quilômetros, com areia fina de cor creme e água azul-turquesa. Coloque alguns coqueiros para fazer sombra e um rio de água doce desembocando no final dela. Junte ainda algumas barracas de peixe e drinques em uma cabana improvisada, mas sem resorts nem bancas de suvenir, ou seja, sem multidões. Agora você tem uma boa imagem da Playa Rincón, uma das maravilhas da República Dominicana.

Embora haja belas praias por todo o litoral do país, nada se compara à Playa Rincón, que tem exatamente o que é preciso para fazer você se sentir feliz por estar vivo. É um pouco complicado chegar aqui, e por isso ela é tão maravilhosamente deserta a maior parte do tempo. De Samaná, siga a rodovia para leste sentido Las Galeras, mas a uns 10km da cidade

Uma das joias da RD, a Playa Rincón é a praia perfeita

Descascando um coco

procure um pequeno desvio para a esquerda. O caminho serpenteia por duas vilas pacatas, e a estrada fica bem esburacada no seu último trecho, quando atravessa o coqueiral para chegar à praia. Se tiver sorte, ao chegar você não verá mais que um punhado de gente na linda extensão de areia, embora nos fins de semana a praia fique um pouco mais movimentada, pois os dominicanos vêm acampar.

Na ponta oeste da praia fica o rio Frío – um curso de água clara e rasa que desemboca na baía e é ideal para se refrescar depois de nadar na água salgada do mar. Uma trilha estreita, para veículos 4x4, passa pelas palmeiras e segue até a ponta leste da baía. Aqui a praia é ainda mais deserta, e a água mais tranquila, protegida por um promontório.

Em 2005 vieram a público planos de instalar um novo resort, com hotéis e campos de golfe em parte da praia. O acesso facilitado pelo novo aeroporto da península, junto com a expansão da exploração turística da RD, promete mudar a paisagem em breve. Por isso, procure visitar a Playa Rincón enquanto ela ainda exibe o projeto original concebido pela natureza, não o que os grandes empreendedores muito provavelmente irão implantar .

FAÇA UMA PAUSA

Nas duas extremidades da praia há barracas simples que vendem peixe frito e bebidas geladas, mas é boa ideia trazer um pouco de água e lanches, num isopor, para o caso de elas estarem fechadas.

---

182 C4

20km a oeste de Las Galeras

POR DENTRO DA PLAYA RINCÓN

Dicas A estrada que leva até a praia fica muito ruim no seu trecho final, e a areia fina da praia pode ser arriscada, por isso é melhor ir de **veículo 4x4**.

- Embora os **coqueiros** proporcionem uma ótima sombra, há o risco de um coco cair na sua cabeça, por isso evite se instalar ou estacionar o carro embaixo deles.
- Também é possível o acesso de barco a Playa Rincón vindo de **Las Galeras**. Há vários barcos que partem do cais.

Atrações

4 Playa Bonita e Playa Cosón

Estas duas praias, localizadas poucos quilômetros a oeste de Las Terrenas, são ambas muitos bonitas, extensas e ainda não muito cheias de visitantes, por isso são ideais para um dia de descanso no mar. Ambas têm acesso por trilhas que seguem a oeste a partir de Las Terrenas, e têm pequenos hotéis e restaurantes que servem comida e bebida. A atmosfera em ambas as praias é ainda mais relaxada do que na Playa Cacao, em Las Terrenas, e a cor da água ainda mais convidativa. Fora algum cavalo trotando pela praia ou um quadriciclo explorando o litoral, há pouco trânsito ou atividade para perturbar quem curte o sol na praia.

182 B4 5km a oeste de Las Terrenas *Guagua* de Las Terrenas

5 Parque Nacional Los Haïtises

Embora este parque nacional não fique na península de Samaná, a maioria das pessoas faz um passeio de barco até lá a partir de Sánchez, no canto sudoeste da península.

O parque margeia a praia sudoeste da Bahía de Samaná e consiste em mais de 200km² de mangues, florestas e formações de calcário pontuadas por cavernas, algumas das quais foram habitadas pelos tainos (➤ 6). Apenas uma pequena área do parque é acessível a visitantes, e uma visita típica inclui as cavernas Cueva Arena e Cueva de la Línea, cujas paredes são cobertas com desenhos de pessoas, baleias e tubarões. Muitos pássaros habitam a área, e você provavelmente verá pelicanos, garças e fragatas durante o passeio. Mas fique de olho no tempo, porque aqui chove mais do que nas demais partes do país.

182 B3 Victoria Marine 538 2494

6 Santa Bárbara de Samaná

Conhecida por todos simplesmente como Samaná, esta cidade tem uma localização magnífica, com casas confortáveis espreitando pelo verde

Passeio de barco pelo Parque Nacional Los Haïtises

das colinas em volta da baía. Há poucas atrações em Samaná, mas, à medida que for fazendo passeios, você irá descobrir o animado mercado, a oeste do centro da cidade; La Churcha, o local de encontro do que resta da comunidade afro-americana na região; e a Iglesia Santa Bárbara, que fica situada na rua principal da cidade. A melhor razão para visitar Samaná é fazer o passeio de observação de baleias que sai da marina. Atravessando a baía há a curiosa "Ponte para Lugar Nenhum", uma sólida estrutura de concreto ligando duas pequenas ilhas, Cayo Linares e Cayo Vigia, ao continente. Uma imensa marina internacional, ainda em construção, com certeza dará um ar mais cosmopolita à cidade quando estiver concluída.

182 C4 ✉ Península de Samaná ▣ Ônibus de Santo Domingo e Puerto Plata

7 Las Galeras

Las Galeras é um dos locais mais pacatos da República Dominicana, por isso é um ponto ideal para quem procura um lugar tranquilo para relaxar. A pequena cidade tem apenas uma rua mais interessante, onde a maioria dos edifícios abriga restaurantes que atendem ao crescente

A praia de Las Galeras recebe poucos visitantes

número de visitantes. A maioria das pessoas passa o tempo na praia, mas há também as opções de mergulhar e andar a cavalo. Embora vários novos hotéis tenham sido construídos aqui nos últimos anos, além de um grande resort do tipo *all-inclusive* cerca de 1,6km a leste da cidade, a atmosfera de Galeras continua tranquila, talvez devido à sua localização remota, no extremo nordeste do país. O principal foco de atenção é a praia, que, embora não tão espetacular como a de Playa Rincón, ainda é muito agradável, com coqueiros protegendo as areias fofas. Você não terá dificuldade em achar um lugar sossegado aqui, mas, se houver agito na entrada, ande para leste alguns minutos e com certeza irá se ver totalmente sozinho. Não há muito para fazer à noite em Las Galeras, mas o pequeno número de bares da cidade faz o melhor possível para que tanto os moradores como os visitantes tenham bons momentos depois que anoitece.

183 D4 ✉ 32km a nordeste de Santa Bárbara de Samaná ▣ *Guagua* de Samaná

Onde... Ficar

Preços
Diárias prováveis para quarto de casal, sem os 26% de taxas (10% de serviço, 16% de imposto)
$ menos de US$70 **$$** US$70 a US$130 **$$$** mais de US$130

LAS GALERAS

Hotel Todo Blanco $-$$
Este lugar é ótimo para relaxar. Uma mansão caiada em estilo colonial, com quartos standard com amplas sacadas ou pátios. O edifício principal tem de cada lado oito quartos com vista para o mar. A decoração é tropical minimalista, e as áreas comuns, incluindo o bar e o restaurante, têm toques africanos, com móveis de junco e persianas de madeira. Os jardins cheios de palmeiras levam até a praia. Ideal para escapadas românticas ou para descansar sozinho.

183 D4 ✉ Las Galeras ☎ 538 0201; fax 538 0064; www.hoteltodoblanco.com

Villa Serena $$$
Esta mansão em estilo vitoriano pode não ter sido desenhada exclusivamente para casais em lua de mel, mas seus 21 luxuosos quartos são tão bem decorados, e a atmosfera é tão tranquila, que o hotel exala uma aura de romance. Todo quarto tem uma espaçosa sacada de frente para um jardim que dá para o mar, onde uma ilhota ostenta meia dúzia de palmeiras. Fica a oeste do centro de Las Galeras e não tem praia, mas há uma atraente piscina no jardim. O pessoal do hotel é muito atencioso, e o pequeno restaurante serve a melhor comida da cidade, embora os preços sejam bastante altos.

183 D4 ✉ Calle A ☎ 538 0000; fax 538 0009; www.villaserena.com

LAS TERRENAS

Las Palmas Residence $$
O único resort desta pequena cidade é uma ótima alternativa aos grandes hotéis para quem procura férias mais tranquilas com a família e quer cozinhar em casa. Os 23 chalés de dois quartos ficam em jardins tropicais, com uma sala confortável, pequena cozinha com geladeira e fogão, e terraço, além de churrasqueira na parte externa. Há conexão de internet ADSL em todos os chalés. O resort fica a 50m de um belo trecho de areia com água rasa e quente e a 10 minutos a pé do centro de Las Terrenas.

182 C4 ✉ Avenida Benelux ☎ 240 6436; fax 240 6435; www.vamosalaspalmas.com

SANTA BÁRBARA DE SAMANÁ

Hotel Gran Bahía Príncipe Cayacoa $$$
Situado num promontório que dá para um majestoso trecho de areia, o cinco-estrelas Cayacoa oferece 295 quartos e suítes localizados numa série de blocos de pouca altura ou em pequenas casas rodeadas de bosques tropicais. Os elegantes quartos têm mobília de pau-rosa ou junco e uma sacada, e os que têm frente para o mar dão para a praia ou para enseadas. O hotel abriga quatro restaurantes e três bares. Um elevador liga o hotel à praia principal, mais embaixo, e a chamada "Ponte para Lugar Nenhum" (➤ 95-96) leva a duas ilhotas.

182 C4 ✉ Loma Puerto Escondido ☎ 538 3135; fax 538 3135; www.bahia-principe.com

Onde... Comer e Beber

Preços
Preços prováveis por pessoa por uma refeição, sem bebida, gorjetas e taxas (26%)
$ menos de US$15 **$$** US$15 a US$25 **$$$** mais de US$25

LAS GALERAS

Pescador $$-$$$

Provavelmente a sua escolha entre os vários restaurantes da rua principal de Las Galeras, o Pescador fica a 500m da praia. Recentemente reformado, o lugar é gerido por espanhóis e, como o nome sugere, é especializado em frutos do mar em várias versões. O simpático dono pode dar sugestões sobre a melhor escolha do dia, e o pátio ao ar livre é um local extremamente agradável para relaxar e dar um tempo, saboreando um dos drinques gelados da casa.

183 D4 Calle Las Galeras 538 0052 8h-23h30

LAS TERRENAS

Brasserie Barrio Latino $-$$

Localizado numa pequena praça no centro de Las Terrenas, este restaurante ao ar livre, gerido por franceses, é um achado, especialmente se você procura comida caseira. O longo cardápio vem em quatro idiomas e oferece farto café da manhã, saladas, pizzas, sanduíches, hambúrgueres e filés, além de um especial do dia sempre com boa relação custo-benefício.

182 C4 El Paseo 240 6367 Seg-sáb 7h30-24h (mais tarde na alta temporada: jul-ago e dez-abr)

La Salsa $$

Esta cabana de pesca na praia, reformada, é rodeada de concorrentes, mas continua atraindo grande clientela com seus fantásticos pratos de frutos do mar e comida caseira dominicana. É forte também nas bebidas, com muitas opções e vários drinques servidos no coco verde. A vista de palmeiras e do mar azul completa o quadro romântico.

182 C4 Calle Playa Cacao 240 6805 Diariam. 12h-24h

El Yuca Caliente $$

Restaurante de frente para o mar especializado em cozinha espanhola. A *paella* é especialmente deliciosa e autêntica, mas você pode também pedir excelentes *tapas* – pratos de pequeno tamanho, perfeitos como almoço leve, lanche da tarde ou para forrar o estômago antes de uma rodada noturna pelos bares. Como seria de esperar, a seleção de *tapas* do frutos do mar é a melhor escolha.

182 C4 Calle Alberto Camano 420 6634 Diariam. 12h-24h

SANTA BÁRBARA DE SAMANÁ

Chino $-$$

Este estabelecimento de Samaná é agradável por diversos motivos. Em primeiro lugar, a comida chinesa não é comum na RD. Em segundo lugar, a casa serve não só uma ampla variedade de pratos chineses, mas também diversos pratos dominicanos típicos, e os preços são razoáveis. Mas talvez o melhor de tudo seja a vista da baía de Samaná que se tem do seu terraço, pois fica numa colina depois de La Churcha. Em resumo, o Chino é uma boa opção em Samaná, tanto para o almoço como para o jantar.

182 C4 Calle Santa Bárbara 538 2215 Diariam. 11h-23h

Onde... Comprar

Embora a península de Samaná não seja tão voltada para o turismo como o litoral norte e leste, com seus inúmeros resorts, ela oferece também muitas oportunidades de compras. A maior variedade de produtos é encontrada em Las Terrenas, mas Samaná e Las Galeras têm também algumas butiques, e os maiores hotéis e resorts da área vendem suvenires. Joias, quadros e estatuetas de madeira são os artigos mais populares.

LAS TERRENAS

Embora seja uma cidade pequena, Las Terrenas tem três modernos shoppings – El Paseo, Plaza Linda e Plaza Taína –, bem perto um do outro no centro, o que indica a popularidade da cidade durante o ano todo. **El Paseo** é um prédio de dois andares em grande parte de madeira e disposto em volta de uma praça com uma fonte. Entre suas 40 lojas há uma agência do correio, um banco, uma agência de viagens, uma loja de cinefoto, um salão de beleza e muitas lojas com obras de arte e outros presentes. Entre elas, a **Galerie El Cacique** tem quadros interessantes e reproduções de esculturas tainas; a **Blue Corazón** vende joias finas de prata, âmbar e *larimar*; e a **Carib Attitude** vende roupa feminina e objetos de decoração.

Quase vizinha a El Paseo e em frente à praia, o **Plaza Linda** tem uma combinação similar de butiques, escritórios e restaurantes. Tem ainda um pequeno **museu do âmbar** que mostra a preciosa resina em vários tons (➤ 26-27), assim como a pedra azul-clara *larimar* (➤ 54). Vale a pena conferir a loja **Mona Design**, que tem luminárias, molduras para espelhos e mobília feitas de materiais naturais, como bambu e fibra de coco, e pode fazer objetos sob encomenda.

A poucos passos desses dois shoppings fica o **Plaza Taína**, que oferece ainda mais opções de presentes atraentes em suas muitas lojas e butiques.

Coloridas **pinturas** de artistas dominicanos e haitianos são uma visão comum nas ruas de todas as cidades do país, mas Las Terrenas é um lugar particularmente bom para comprar uma pintura. Isso porque há vários artistas que moram aqui, tanto dominicanos quanto estrangeiros, e que expõem nas galerias locais. Dois pontos onde essas obras podem ser encontradas são o **Gingerbread** e a **Nativ' Arte**, ambos na Calle Las Terrenas, perto do centro. Além de pinturas a óleo e esculturas, estas lojas vendem atraentes artefatos e reproduções de esculturas tainas. Situada também na rua principal, a **Haitian Caribes Art Gallery** mostra obras de alguns dos maiores artistas do país, como Dabadie, Prosper Louis e Prefete Duffault. A galeria vende ainda marcas selecionadas de charutos, joias e roupa de praia.

SANTA BÁRBARA DE SAMANÁ

A seleção de presentes em oferta em **Samaná** é menor do que em Las Terrenas, mas há lojas como a **Indiana Carey Gift Shop** (Malecón 6, seg-sáb 9h-13h, 15h-19h) e a **Etnik Boutique** (Malecón 6, seg-sáb 9h-12h, 14h30-19h), que vendem âmbar e *larimar*, objetos de decoração e charutos.

Finalmente, quando você estiver descansando na praia, é provável que seja abordado por ambulantes vendendo óculos de sol, saídas de banho, colares e presilhas para o cabelo. Alguns se oferecem ainda para trançar seu cabelo.

Onde... Se Divertir

Ver baleias, mergulhar, andar a cavalo, fazer safáris de quadriciclo, curtir o som alto das casas noturnas ou cantar canções em volta de uma fogueira num camping: a península de Samaná tem de tudo para todos. A maioria dos esportes aquáticos está presente, principalmente em Las Terrenas, que oferece ainda muitos bares e casas noturnas abertos até altas horas.

DURANTE O DIA

Muitas pessoas planejam suas férias na RD com foco no **passeio para observar baleias** na Bahía de Samaná (➤ 90-92), promovido de meados de janeiro a meados de março, uma experiência imperdível para quem está aqui nessa época. Mas há muitas outras atividades à sua escolha. O **mergulho** nos recifes de coral, em navios naufragados e em dois lagos de água doce ligados por amplos túneis é organizado pela Stellina Diving em Las Terrenas (tel. 686 4415, www.stellinadiving.com). Há belos recifes de coral por toda a península, por isso o **mergulho** é muito popular. **Windsurfe** e **caiaque** também são oferecidos na praia de Las Terrenas. **Empresas de passeios** como a Sunshine Services (tel. 240 6164) e a Bahía Tours (tel. 240 6088), em Las Terrenas, oferecem **cruzeiros de catamarã** e **passeios de pesca.**

Andar a a cavalo é outra atividade popular na península e uma ótima maneira de apreciar as lindas paisagens da região. Provavelmente o passeio mais popular é o que vai da vila de El Limón até **Salto El Limón** (Cachoeira El Limón) (➤ 161), mas também é muito divertido passear pela praia. O **Rancho de la Playa** (tel. 240 6501), em Las Terrenas, aluga **cavalos** por US$15-20 a hora e também organiza **trilhas a cavalo** pelo interior com duração de vários dias. Uma verdadeira aventura para quem tem experiência em cavalgar.

Se você nunca andou numa moto de quatro rodas, então faça um **safári de quadriciclo** organizado pelas operadoras de Las Terrenas. Com suas imensas rodas e grande mobilidade, eles podem levar você a praticamente qualquer lugar.

À NOITE

A vida noturna de **Las Terrenas** é quase tão agitada quanto a de Cabarete, no litoral norte, com bares, clubes e festas de improviso na praia. O **Nuevo Mundo,** na rua principal logo ao sul da cidade, tem sido popular nos últimos anos. Mas há outros locais bem interessantes, como o El Mosquito Art Bar e o Syroz, o melhor **bar de jazz** da cidade. De sexta a domingo, o *barrio* dominicano ao sul da cidade tem uma **feira noturna**, com comida, bebida e shows de artistas locais.

Samaná não tem tanto foco em turismo como Las Terrenas, mas também é animada à noite. O **Naomi**, no Malecón, é o lugar da moda entre os locais. Ele lota depois da meia-noite, e as pessoas dançam merengue até de madrugada. O **Ranch Allegre**, também no Malecón, é um local de dança ao ar livre onde se ouvem os últimos sucessos de merengue e *bachata*. A maioria das pessoas que vem até **Las Galeras** está à procura de um refúgio tranquilo. Mas mesmo aqui há algumas **casas noturnas**: o Chez Manuel e o VIP (ambas no Malecón) são clubes que ficam agitados nos fins de semana.

Sudeste

Como Se Localizar

Apesar de ser a maior região da República Dominicana, o sudeste é pouco povoado. À parte algumas praias incríveis, suas paisagens não são muito espetaculares. As principais atrações são os resorts do tipo *all-inclusive* situados em idílicos trechos do litoral e excursões até ilhas como a bela Isla Saona, no Parque Nacional del Este.

Localizada perto de Santo Domingo, Boca Chica recebe sempre visitantes em suas praias, mas a leste daqui o cenário é mais rural. San Pedro de Macorís pode ter tido dias melhores, mas ainda se mostra tipicamente dominicana e é o local de nascimento do herói do beisebol Sammy Sosa (➤ 28-29). A cidade seguinte, La Romana, é ponto de partida de excursões de mergulho até a Isla Catalina (➤ 122), para Altos de Chavón e para o Parque Nacional del Este, com suas cavernas cobertas de inscrições do povo taino.

Há vários resorts *all-inclusive* perto de La Romana e Bayahibe, como o imenso Casa de Campo. Mas mesmo este enclave não se compara à concentração de resorts em volta de Punta Cana e Bávaro, mais a leste no litoral, que recebem o maior número de visitantes do país. Para quem viaja por conta própria e se dispõe a cobrir grandes distâncias e a conhecer melhor o país, a pequena cidade litorânea de El Cortecito oferece as melhores opções de hospedagem.

★ Destaques

Atrações

Acima: quiosques à beira-mar, em Bayahibe
Página 101: a animada praia de Bávaro

Descanse em alguma das mais bonitas praias do país no litoral sul e leste, explore as pacatas cidades de San Pedro de Macorís e La Romana e veja os pictogramas e petróglifos dos tainos nas cavernas do Parque Nacional del Este.

O Sudeste em Dois Dias

Primeiro Dia

Manhã

Atravesse o rio Ozama na direção leste a partir de Santo Domingo, pela Autopista Las Americas (Highway 3), e vire 30km adiante em 1 **Boca Chica** (à esquerda, ➤ 106-107), a praia mais próxima da capital. Nade e aprecie o sul, e depois almoce frutos do mar na praia ou perto dela.

Tarde

Siga para leste e conheça 2 **San Pedro de Macorís** (➤ 108-109), cidade que se desenvolveu a partir do setor da cana-de-açúcar, com alguns edifícios curiosos e um ambiente acolhedor. A catedral e parte da arquitetura vitoriana em volta do Parque Central merecem uma visita. Se o tempo permitir, visite a 5 **Cueva de las Maravillas** (➤ 116).

Noite

Passe a noite no Santana Beach Resort (➤ 119), cerca de 13km a leste de San Pedro de Macorís e 1km antes de Cueva de las Maravillas. Prove o bufê, tente a sorte no **cassino**, assista ao **espetáculo da noite** e dê uma olhada na casa noturna.

Segundo Dia

Manhã

Vá até 3 **Altos de Chavón** (➤ 110-111), logo depois de La Romana – construída na década de 1970 no estilo de uma vila mediterrânea medieval. Aqui você pode visitar o excelente **Museu Taíno**, fazer boas compras (abaixo) e desfrutar de uma boa refeição apreciando o rio Chavón. Outro bom programa é fazer uma **viagem de barco** rio acima.

Tarde

Vá direto até o porto de 7 **Bayahibe** (➤ 116-117) e contrate um passeio vespertino pelo 4 **Parque Nacional del Este** (➤ 113-115), para visitar os mangues dos estuários, as praias retiradas e as cavernas dos tainos. Se você gosta de **mergulho**, faça uma excursão até Isla Saona.

Noite

Coma no restaurante Starei, situado no complexo de Altos de Chavón (➤ 120), em La Romana. Aproveite a noite no Club Genesis, em Altos de Chavón (➤ 122).

1 Boca Chica

Boca Chica tem todos o requisitos de uma cidade do litoral: ampla faixa de areia macia; água cristalina e rasa, protegida por um recife e à sombra de palmeiras; e um bom número de bares e restaurantes junto à orla. Ela é ideal para tomar sol e nadar, particularmente para as crianças, pois o mar é muito calmo. Há até uma pequena ilha em frente, La Matica, onde se pode chegar a pé na maré baixa.

Acima: descanso na magnífica praia de Boca Chica
À direita: cocos verdes refrescantes à venda

Como Santo Domingo não tem praia, Boca Chica, apenas 30km a leste da capital, é o lugar onde os dominicanos da cidade vêm relaxar; há também muitos estrangeiros por aqui. A cidade nasceu em meados do século 19 como pólo do **setor açucareiro**, com grandes usinas em volta. Quando a cana deixou de ser uma lavoura lucrativa, a cidade declinou, até o presidente Trujillo construir aqui sua casa de férias, o que lhe garantiu alguma popularidade. As coisas ficaram estagnadas na década de 1980, quando os grandes resorts de Playa Dorada e Bávaro intimidaram um pouco os turistas estrangeiros, mas como hoje há mais viajantes independentes visitando o país, o futuro de Boca Chica é promissor.

A **Bahía de Andres**, como é chamada a baía diante de Boca Chica, tem uma inclinação muito suave, e você pode adentrar 100m com a água ainda no peito. Junto com a areia branca e os inúmeros barzinhos e quiosques, isso torna o lugar muito popular, especialmente nos fins de semana.

Essa popularidade tem seus prós e contras. Por um lado, é um local excelente para observar pessoas. A forte competição pelos dólares dos turistas assegura muitas opções de hospedagem e alimentação. As operadoras de turismo locais também organizam passeios de banana boat, vela, mergulho e excursões de mergulho até **navios naufragados** no vizinho Parque Nacional Submarino La Cataleta.

Por outro lado, tanto a praia como a cidade ficam muito **cheias de gente** nos fins de semana, e é provável que você prefira vir para cá nos dias úteis. Mesmo assim, talvez o grande número de ambulantes que vêm oferecer uma manicure ou um trançado no cabelo, vender lembrancinhas ou embalar

seu descanso com uma canção *mariachi* pode ser um estorvo ao seu programa. Os bares da cidade ficam bem agitados à noite, mas **tome cuidado** nas ruas, pois os assaltos são frequentes e as prostitutas locais competem entre si pela atenção dos visitantes.

FAÇA UMA PAUSA

Uma boa sugestão é o **Neptuno's Club** (► 120), na ponta oeste da baía.

---

182 B2

30km a leste de Santo Domingo

Ônibus expresso de Santo Domingo a cada 30 minutos

POR DENTRO DE BOCA CHICA

Dicas É quase impossível encontrar um quarto bom e barato na RD, mas há opções bastante razoáveis em Boca Chica, como o **Europa Hotel** (► 119), a poucos passos da praia.

- Boca Chica compartilha todo ano o **Festival do Merengue** (fim de julho) com Santo Domingo – tem os mesmos músicos mas é o menos lotado (► 12).

2 San Pedro de Macorís

Se você estiver passeando pelo litoral sul, uma boa sugestão é parar e dar uma olhada na quarta maior cidade do país. San Pedro de Macorís tem uma arquitetura colonial interessante, festas típicas com dançarinos de máscaras e a reputação de produzir grandes jogadores de beisebol.

O notável portal em arco da Catedral San Pedro Apostol

A maior parte da arquitetura da cidade é do início do século 20, e embora alguns dos majestosos edifícios coloniais tenham sido bem restaurados, muitos ainda requerem cuidados urgentes. Um dos primeiros edifícios de impacto que você verá ao entrar na cidade a partir do oeste é a **Catedral San Pedro Apostol**, uma estrutura sólida, branca, neogótica, erguida em 1913. Ela tem um impressionante portal em arco e um altar de mogno. Em volta da igreja há vários outros edifícios em estilo colonial, como o antigo prédio da autoridade dos portos, na Calle Charro, hoje chamado de **Centro Cultural Fermoselle**, que exibe a obra de artistas locais, além de fotos do passado. Há mais edifícios em volta do Parque Central que vale a pena ver, como o atraente posto de bombeiros em ferro fundido na Calle Duarte.

No entanto, mais popular do que qualquer um destes edifícios é o **Estadio Tetelo Vargas**, sede do time de beisebol Estrellas Orientales, localizado na região norte da cidade.

Os ingressos para a maioria dos jogos se esgotam, mas, se você estiver na cidade durante a temporada (out-fev), vale a pena tentar conseguir um ingresso só para sentir a atmosfera eletrizante de uma partida neste local. Entre os vários garotos daqui que fizeram carreira nas ligas americanas, **Sammy Sosa** (► 28-29) é o mais célebre; na verdade, ele é o herói nacional dos esportes. Embora Sammy viva a maior parte do tempo nos EUA, ele ajudou a erguer um pequeno shopping na Avenida Independencia chamado 30/30, uma referência à sua incrível marca de 30 *home runs* e 30 bases. Na entrada do shopping há uma pequena estátua de Sammy pronto para rebater uma bola.

Se você estiver por aqui por volta do Natal ou durante a **Fiesta de San Pedro** (24-30 de junho), terá a sorte de presenciar uma cena incomum. Nesta época, grupos de dançarinos mascarados saem pelas ruas em fantasias coloridas decoradas com plumas e lantejoulas para representar cenas da bíblia e da história local. As pessoas que apresentam essas danças são os *cocolos*, descendentes de trabalhadores das fazendas de açúcar trazidos das Antilhas Britânicas no início do século 20.

Vendedor de lanches perto do estádio de beisebol; San Pedro de Macorís produziu alguns dos melhores jogadores de beisebol do mundo

FAÇA UMA PAUSA

O **Robby Mar**, na Avenida Charro, em frente à catedral, tem ótimos frutos do mar e uma atmosfera intimista.

182 C2

Catedral San Pedro Apostol
Avenida Charro · Diariam. 8h-20h · Gratuito

Centro Cultural Fermoselle
Avenida Charro com Calle 10 de Septiembre · Seg-sáb 9h30-12h, 14h-17h · Gratuito

POR DENTRO DE SAN PEDRO DE MACORÍS

Dicas Como é comum no litoral do Caribe, o passeio marítimo do **Malecón** é o melhor lugar para observar pessoas à noite e nos fins de semana.

• San Pedro é famosa pelos **músicos cocolos**. Apesar de ser hoje uma arte em extinção, músicos e dançarinos mais velhos podem ser vistos no Parque Central.

3 Altos de Chavón

As ruas de pedra de Altos de Chavón

Localizada logo a leste de La Romana numa elevação acima do rio Chavón, Altos de Chavón imita uma vila em estilo mediterrâneo do século 16. Ela foi construída na década de 1970 e hoje funciona como comunidade de artistas e atração turística. Alguns acham muito agradável conhecê-la, enquanto outros a consideram apenas uma divertida amostra do kitsch.

O local foi construído por cerca de US$40 milhões pela Gulf & Western, a empresa responsável pelo imenso resort Casa de Campo, vizinho. O projeto é do arquiteto italiano Roberto Coppa, que tinha experiência anterior no desenho de cenários para filmes. De fato, muitos visitantes têm a impressão de estar dentro de um elaborado cenário de Hollywood, e, sem dúvida, os carpinteiros, pedreiros e outros artesãos que trabalharam no projeto fizeram um bom trabalho, pois as ruas de pedra, as fontes de coral decoradas com peixes em ferro forjado e os sólidos edifícios feitos de pedras de calcário envelhecidas artificialmente parecem estar ali há séculos.

Há alguns aspectos impressionantes na vila, especialmente o grande **anfiteatro grego**,

com capacidade para 5 mil pessoas, que já abrigou concertos de astros como Frank Sinatra, Carlos Santana e Gloria Estefan.

O grande palco também é usado para outros espetáculos de música e dança realizados ocasionalmente. Os degraus que acomodam a plateia oferecem boa visão dos shows, e no monte atrás do palco há 12 colunas de pedra que representam os discípulos de Cristo. Se tiver sorte, poderá assistir a algum concerto.

Visite também o pequeno e ótimo **Museo Arqueológico**, que tem talvez os melhores exemplos sobre os ídolos e artefatos tainos do país. A mostra inclui ainda duas canoas bem-preservadas. No pequeno pátio do museu, procure uma árvore incomum com frutos do tamanho de melancias. A **Iglesia St. Stanislaus**, um dos últimos edifícios erguidos na vila, ainda é procurada para casamentos e eventos especiais, embora pareça muito velha. Na frente desta igreja há um fantástico mirante no alto de uma montanha, com vista do rio Chavón, onde barcos de excursões fazem viagens pelas belas paisagens do interior. Alguns restaurantes finos oferecem essa linda visão do rio em seus terraços.

Interior de um refinado showroom de peças de âmbar

Altos de Chavón também é a sede de uma filial da Parsons School of Design, de Nova York, e estudantes dominicanos e estrangeiros assistem aulas neste cenário surrealista. O design interessa muito aos dominicanos, e um dos destaques do país

A incrível réplica de anfiteatro grego

é o estilista **Oscar de la Renta**, cujas roupas exóticas são usadas pelos ricos e famosos. Apesar de ter sua base nos EUA, Oscar de la Renta visita muito a terra natal, e seu trabalho às vezes é exibido em Altos de Chavón. Seu sucesso permitiu-lhe investir forte no turismo do país, e junto com seu amigo, o cantor Julio Iglesias, ele é dono de várias propriedades no sudeste, como o Punta Cana Beach Resort.

Entre as lojas que vendem pinturas, camisetas e outros suvenires estão as galerias de arte que comercializam obras de estudantes locais e butiques chiques com deslumbrantes mostras de joias e artesanato dominicano. Quem se interessar em ver magníficos exemplos de âmbar e *larimar* colocados em pingentes, brincos e braceletes deve dar uma olhada na Everett Designs (▶ 121). Mas lembre que você terá de pesquisar bastante se decidir comprar suvenires, pois os preços são pensados para o público de alta renda. Também há muitos restaurantes finos por aqui, de comida francesa, italiana e mexicana, alguns com vistas esplêndidas do rio, mas com preços também bastante altos.

As lojas e galerias de Altos de Chavón são repletas de arte e artesanato dominicano

FAÇA UMA PAUSA

Uma refeição no **Giacosa,** restaurante fino com vista do rio Chavón, pode custar acima da média, mas é uma experiência inesquecível. Há vários pratos italianos tentadores no cardápio, e seu risoto de frutos do mar é imperdível.

---

183 E2
Museo Arqueológico
Diariam. 9h30-17h
Gratuito

Iglesia St Stanislaus
Praça central Diariam. 9h-19h missa sáb-dom 17h

POR DENTRO DE ALTOS DE CHAVÓN

Dicas Para saber se há **concertos no anfiteatro**, acesse www.casadecampo.com.do, e clique em "enter paradise" e depois em "what's happening".

• Lembre-se de que **o anfiteatro não é coberto**, por isso leve guarda-chuva ou proteção contra o sol, para enfrentar as intempéries.

• **Altos de Chavón pode ficar lotado de gente** quando chegam ônibus de excursão no decorrer do dia; por isso, se tiver como escolher a hora de sua visita, prefira ou as primeiras horas da manhã ou então o final da tarde, para poder apreciar tudo sem a interferência das hordas de turistas.

4 Parque Nacional del Este

O Parque Nacional del Este é composto por grandes áreas de terraços de calcário cobertas por florestas secas e decíduas, e por rochedos e cavernas decoradas com pictogramas e petróglifos dos nativos tainos (inscrições e pinturas rupestres). Existem mais de cem espécies de pássaros aqui, muitos iguanas correndo pela mata e golfinhos e peixes-boi nas águas rasas do litoral. O parque tem uma área de 400km^2, e fazem parte dele também as ilhas Saona e Catalinita, destinos muitos procurados pelos praticantes de mergulho.

Em 1975, o governo compreendeu a importância ecológica do extremo sudeste do país e deu à península e às ilhas do litoral o status de parque nacional. Praticamente não há estradas neste território, por isso os visitantes costumam explorar o parque nacional em uma viagem de barco de um dia saindo de **Bayahibe** (➤ 116-117) ou **La Romana** (➤ 116). A maior parte desses passeios segue até a Isla Catalinita ou a Isla Saona para um almoço e uma festa com merengue, depois de um mergulho nos recifes de coral.

A praia de areia da Isla Saona; o nome vem de Savona, cidade da Itália

Um rosto amigo nas águas rasas do parque

A maioria dos barcos que vai para a **Isla Saona** para nas areias da Playa Mano Juan, onde há cadeiras de praia e guarda-sóis, um restaurante caro administrado pelo Club Viva Dominicus (um resort de Bayahibe) e uma trilha para caminhadas pelo interior. A ilha tem apenas duas vilas pesqueiras, por isso é improvável que você encontre alguém além de outros turistas nas trilhas que a cortam. Outros barcos param na Piscina Natural, onde uma faixa de areia protege uma laguna de águas claras. Se você alugar seu próprio barco e quiser evitar muita gente, peça ao capitão para ir até a ilha de Catalinita, boa para mergulhar, com poucos turistas (ou nenhum) e a oportunidade de ver o mágico peixe-boi.

De volta à península, você pode visitar as incríveis cavernas, e, se estiver disposto a andar alguns quilômetros, os guardas do parque irão levá-lo até vários pontos de interesse, como a **Cueva del Puente** ou a **Cueva José María**, para ver os pictogramas e petróglifos dos tainos. As imagens das cavernas mostram aspectos da cultura e da mitologia dos tainos, além de eventos históricos como a chegada dos navios espanhóis. A Cueva José María tem sinais de um tratado com os espanhóis de 1501, no qual ambas as partes se dispunham a viver em paz. Infelizmente, a paz durou menos de um ano, e a extinção sistemática dos tainos prosseguiu.

Em 1997 arqueólogos descobriram um local chamado **Manantial de la Aleta**, que havia sido local de culto dos tainos e é formado por um poço natural rodeado por quatro praças cerimoniais. Infelizmente, este foi também o cenário de um massacre dos tainos instigado por Nicolás de Ovando em 1503, e foram encontrados muitos ossos espalhados pela área. Hoje o sítio é inacessível ao turismo, embora o governo tenha planos de abri-lo ao público depois que o trabalho de escavação tiver sido concluído pelos especialistas da Universidade de Indiana.

Se quiser evitar aglomerações, há uma alternativa para entrar no parque nacional pela cidade de **Boca de Yuma**, no nordeste. Bem do lado do posto do parque fica a **Cueva de Bernardo**, uma grande caverna cheia de morcegos, com petróglifos tainos nas paredes misturados a grafitagens modernas. No posto do parque pode-se também contratar um guia para levá-lo a outras cavernas no interior do parque, alugar um cavalo para passear pelo litoral ou contratar um passeio de pesca no canal entre a Isla Saona e o continente.

FAÇA UMA PAUSA

Quando se entra no parque em uma excursão, em geral o almoço é providenciado, mas se você alugar seu próprio barco, leve almoço e bebidas de Bayahibe ou La Romana.

---

183 E1
Diariam. 8h-18h
Moderado

POR DENTRO DO PARQUE NACIONAL DEL ESTE

Dicas Se você planeja explorar as cavernas do Parque del Este, não deixe de levar **repelente de insetos**, pois há muitas vespas e mosquitos-pólvora. E não se esqueça de usar sapatos adequados e levar uma boa lanterna.
• **Confira bem o intinerário** do barco, pois alguns passeios não são nada mais do que uma festa ambulante para beber e dançar.

Quiosques na Isla Saona

Atrações

5 Cueva de las Maravillas

Sem dúvida, vale a pena ver algumas das inscrições dos tainos ao visitar a RD, e esta caverna, ao norte da Carretera 3, na estrada a leste de San Pedro de Macorís, é uma boa oportunidade para isso. Embora descoberta em 1926, esta caverna profunda só foi aberta ao público recentemente. Um sistema sofisticado ilumina cada câmara no momento em que você se aproxima, e depois se apaga de novo quando você sai, e há um elevador para pessoas com necessidades especiais. Muitos pictogramas tainos lembram cartoons, mas infelizmente há também muitas grafitagens modernas e estalactites que foram quebradas e vendidas aos pedaços para os turistas. As visitas guiadas duram uma hora. Há um pequeno museu sobre a cultura dos tainos.

183 D2 Norte da Carretera 3, 14km a leste de San Pedro de Macorís e logo depois da entrada para o Santana Beach Resort Ter-dom 9h-17h Moderado

A pacata vila pesqueira de Bayahibe

6 La Romana

Fundada pelos espanhóis em 1502, La Romana tornou-se uma das cidades-chave do setor açucareiro no início do século 20. Ela ainda vive desse setor, mas a presença de atrações turísticas na região, como o imenso Casa de Campo Resort e o Altos de Chavón (► 110-112), hoje ajuda a engordar os cofres da cidade. O Casa de Campo é a mãe de todos os grandes resorts, com seu próprio aeroporto, 14 piscinas e 9 restaurantes. Não há atrações deste porte em La Romana, mas é sempre um prazer passear pelo centro da cidade, com suas lojas pintadas em cores vivas e seu povo amistoso.

183 D2 37km a leste de San Pedro de Macorís

7 Bayahibe

Até recentemente, Bayahibe era uma pacata vila pesqueira, procurada por viajantes independentes para relaxar. Agora, porém, com a construção de vários resorts do tipo *all-inclusive* tanto a leste como a oeste da cidade, a área ficou sem as suas melhores praias. Bayahibe continua sendo o principal porto para viagens de barco até o parque nacional (especialmente para a Isla Saona), e embora a maioria dos visitantes simplesmente passe ao largo, é bom ficar uma hora curtindo os cafés da orla e vendo o movimento do porto.

183 E1 55km a sudeste de San Pedro de Macorís Barcos para o Parque Nacional del Este

8 Higüey

Depois de San Pedro de Macorís e La Romana, Higüey é a única cidade de relativo porte no sudeste do país. Suas ruas são pouco atraentes, e ela poderia ser dispensável num roteiro turístico se não fosse pela **Basílica de Nuestra Señora de Altagracia**, o edifício religioso mais importante do país. A basílica guarda um venerado retrato do século 16 da Virgem de Altagracia, que muitos creem operar curas milagrosas, e, se você estiver por aqui perto dos dias 21 de janeiro ou 16 de agosto, verá peregrinos de todo o país chegando para participar de procissões, pagar promessas e prestar homenagens à imagem sagrada. Embora o mérito arquitetônico de seu estilo modernista seja discutível, o arco de concreto de 80m de altura com certeza causa impacto. Dentro, os vitrais, as centenas de velas acesas e os fiéis orando criam uma bonita atmosfera.

183 E2 154km a leste de Santo Domingo

9 Punta Cana

A costa leste da RD tem algumas das praias mais perfeitas do país e recebe mais de 1 milhão de visitantes por ano. Quase todos chegam pelo aeroporto internacional de Punta Cana e passam sua estadia entre os limites de algum dos grandes resorts que se estendem pelos 30km de litoral entre Punta Cana e Bávaro. Embora esses resorts *all-inclusive* possam ser encontrados por todo o país, os da costa leste parecem oferecer melhores condições que os das demais regiões, no sentido de terem mais opções de alimentação e uma gama maior de atividades. Isso pode ser decorrente da necessidade, já que não há muitas outras atrações na costa leste.

Assim, a maioria dos resorts daqui oferece passeios de pesca em alto-mar, de jipe, mergulhos e cavalgadas, além da prática de esportes de praia e aquáticos, como caiaque e parasailing.

183 F2 45km a leste de Higüey

A Basílica de Nuestra Señora de Altagracia, em Higüey

10 Manati Park

A lista de diversões daqui é muito boa – shows de golfinhos e leões-marinhos, cavalos dançarinos, acrobatas a cavalo, show de papagaios e danças tainas; e ainda tartarugas, crocodilos, flamingos, tubarões e arraias (sem peixe-boi). Tampouco faltam visitantes, provavelmente pela boa localização do parque perto dos resorts de Punta Cana e Bávaro. Embora o ingresso seja caro, para nadar com golfinhos ou assistir aos cavalos dançarinos você terá de pagar um adicional. Nem é preciso dizer: num parque temático como este há muito para comer, beber e comprar. No entanto, grupos de defesa dos direitos dos animais vêm criticando o parque desde sua inauguração, em 1997, pelo tratamento impróprio dos animais, particularmente os golfinhos, vários dos quais morreram. Por isso, a decisão de ir ou não pode ser um dilema para algumas pessoas.

183 F2 Carretera Manati, Bávaro
Diariam. 9h-18h; para horários dos shows, consulte www.manatipark.com
Caro

11 El Cortecito

Localizada ao norte dos grandes resorts de Bávaro, esta pequena cidade cresceu bastante nos últimos anos e recebe dominicanos em férias e estrangeiros viajando por conta própria. Ela tem uma atmosfera de cidade do litoral, com lojas de cartões-postais, roupa de praia e artesanato dominicano. A praia extensa de areia fina pode ficar lotada em frente à cidade. Todos os tipos de esportes aquáticos são oferecidos, mas afastando-se uns 10 minutos do centro você encontra um paraíso só seu, distante das multidões. Há poucos hotéis, básicos mas limpos, e bons restaurantes, como o popular Capitán Cook, de frutos do mar, bem na orla (➤ 120).

183 F2 57km a leste de de Higüey

Acima: o grande mercado central de Higüey's (➤ 117), sempre agitado
À esquerda: papagaios no Manati Park

Onde... Ficar

Preços
Diárias prováveis para quarto de casal, sem os 26% de taxas (10% de serviço, 16% de imposto)
$ menos de US$70 **$$** US$70 a US$130 **$$$** mais de US$130

BÁVARO

Paradisus Punta Cana $$$

Um dos maiores resorts *all-inclusive* do Caribe, o Paradisus Punta Cana tem acesso a um excepcional trecho da praia de Bávaro. Os hóspedes têm 10 restaurantes e 7 bares à sua escolha, e serviço de quarto 24 horas. Tem centro esportivo, campo de golfe e um grande spa. Os quartos são bem-iluminados e ficam em blocos baixos. No meio de tudo, há uma grande piscina.

183 F2 ✉ Playa de Bávaro ☎ 687 9923; www.solmelia.com

BOCA CHICA

Europa $-$$

A maior dificuldade de quem viaja com orçamento apertado na República Dominicana é a escassez de hospedagem barata decente, mas há exceções. Assim como Cabarete e Las Terrenas, Boca Chica tem vários hotéis baratos, e este é a melhor opção. Tem 28 quartos, de unidades simples com ventilador a quartos confortáveis com ar-condicionado para até seis pessoas, com café da manhã incluído.

182 B2 ✉ Calle Dominguez, na esquina com Avenida Duarte ☎ 523 5721; fax 523 6994

PUNTA CANA

Punta Cana Resort & Club $$$

O "super resort" da República Dominicana, uma das propriedades mais luxuosas do país, fica em 5km de praia ladeada de palmeiras, com amplos jardins. Sete restaurantes e seis bares atendem os clientes ao longo do dia. Os quartos de luxo ficam em blocos de três andares, e as cabanas e *casitas* estão instaladas em jardins ou junto à praia. O resort tem ainda uma ótima marina e um shopping.

183 F2 ✉ Punta Cana ☎ 959 2262; www.puntacana.com

LA ROMANA

Casa de Campo $$$

O Casa de Campo é o pai dos resorts do tipo *all-inclusive* na RD, ocupando uma área de 2.800ha do litoral, logo a sudeste de La Romana. Suas instalações são impressionantes – 14 piscinas, 2 campos de golfe, centro de tênis 24 horas, tiro ao alvo, cavalos, treinamento de polo e spa, entre outras coisas. Como seria de esperar, é a escolha dos ricos e famosos. Os quartos normais são muito espaçosos, e as mansões privadas vêm com mordomo, empregada e chef particulares.

183 D2 ✉ Junto à Carretera 4, a leste de La Romana ☎ 523 3333; fax 523 8548; www.casadecampo.com

SAN PEDRO DE MACORÍS

Santana Beach Resort $$$

Numa parte isolada do litoral entre San Pedro de Macorís e La Romana, este resort *all-inclusive* tem casas de dois andares de muito bom gosto e jardins bem projetados, além de uma praia excelente. São quatro restaurantes, vários bares e um cassino.

182 C2 ✉ Ao sul da Carretera 4, 13km a leste de San Pedro de Macorís ☎ 412 1010; fax 412 1818; www.playasantana.com

Onde... Comer e Beber

Preços
Preços prováveis por pessoa por uma refeição, sem bebida, gorjetas e taxas (26%)
$ menos de US$15 **$$** US$15 a US$25 **$$$** mais de US$25

BAVARO

Le Flamboyan $$-$$$

O teto de sapé do Le Flamboyan dá a ele uma atmosfera caribenha, e a variedade de pratos do cardápio atende gostos diversos. O *conch* (um caracol marinho – bem mais delicioso do que se imagina) está no cardápio de frutos do mar, junto com lagosta, peixe fresco e pratos espanhóis como a *paella* e carnes e frango assados. Os filés e as porções de carne grelhados exalam um aroma de dar água na boca.

183 F2 Playa El Cortecito 552 0639 Diariam. 11h-24h

BOCA CHICA

Neptuno's Club $$-$$$

Este bonito edifício antigo de madeira projeta-se acima da água de Boca Chica, e painéis de vidro no chão permitem que os clientes vejam arraias e tubarões nadando embaixo, numa área fechada. Ancorada no cais do restaurante há uma pequena réplica do *Santa María*, o navio com que Colombo descobriu a América e que hoje abriga um animado bar. Graças à fantástica vista da baía e à variedade de pratos excelentes oferecidos (tendo frutos do mar como especialidade), não admira que o local seja tão popular como é. Por isso, é recomendável fazer reserva com antecedência para evitar decepções.

182 B2 Avenida Duarte 12 523 4703 Diariam. almoço e jantar

EL CORTECITO

Capitán Cook $$-$$$

Localizado na praia de El Cortecito, perto de Bávaro, este restaurante de frutos do mar ganhou fama em todo o país pela sua comida sensacional. Ele dispõe de uma área interna e também de um outro grande espaço sombreado na praia, onde você pode mexer os dedos do pé na areia fina. Na entrada, os clientes passam por uma grelha que exala aromas de camarões e lagostas fresquíssimos, de dar água na boca. Os frutos do mar estão expostos ao público, e os preços são cobrados por quilo. Devido à sua popularidade, o local vive cheio, por isso faça reserva.

183 F2 Calle Playa 552 0645 Diariam. almoço e jantar

LA ROMANA

Starei $$-$$$

Este restaurante independente situado dentro do complexo de Altos de Chavón serve excepcional cozinha *creolla*. Trata-se de um local excelente para provar *la bandera*, prato onde o vermelho, o branco e o verde da bandeira da República Dominicana são reproduzidos com arroz, feijão e banana verde, servidos com carne de vários tipos e acompanhados pelo delicioso *casabe* – pão feito com farinha de mandioca. O cardápio tem ainda vários pratos de peixe fresco, e até filé grelhado simples é uma ótima pedida.

183 D2 Altos de Chavón 523 3333 Diariam. 11h-23h

SAN PEDRO DE MACORÍS

Roby Mar $$$

Com ótima localização, bem em frente à catedral de San Pedro de Macorís, este é o melhor restaurante da cidade. Como seria de esperar, a especialidade são os frutos do mar, e durante o dia os pescadores vendem o que pescaram em bancas na frente do restaurante. Dependendo do dia, pode haver uma ótima oferta de frutos do mar, com lagostas, lulas, polvo, caranguejo e grande variedade de peixes, de barracuda a peixe-espada. A atmosfera do Roby Mar, particularmente à noite, é muito romântica, com mesas à luz de velas ao ar livre junto ao rio. A carta de vinhos não é muito longa nem sofisticada, mas há coquetéis de rum com gelo e cervejas leves e refrescantes que combinam bem com os frutos do mar. Levando em conta o belo ambiente, os preços são razoáveis.

182 C2 ✉ Avenida Charro
Diariam. almoço e jantar

Onde... Comprar

Como ocorre no resto da República Dominicana, os suvenires mais procurados no litoral sudeste são joias de âmbar (➤ 26-27) e *larimar* (➤ 54), pinturas haitianas e dominicanas, charutos, rum e CDs de merengue e *bachata*. No entanto, nos grandes resorts do litoral você ficará tentado a comprar objetos de praia, como um guarda-sol colorido, uma roupa de banho nova ou um chapéu de sol.

Os **grandes resorts** da região têm suas próprias lojas de presentes, que geralmente guardam estoque de suvenires típicos, embora as opções possam ser limitadas e os preços tendam a ser um pouco mais altos. Portanto, se estiver viajando pela região, é melhor visitar as lojas e mercados locais, onde você pode achar ofertas. Nas praias dos resorts, ambulantes vendem colares e pulseiras.

Provavelmente a melhor seleção de arte e artesanato dominicanos à venda é a de **Altos de Chavón** (➤ 110-112), uma imitação de vila medieval cheia de galerias de arte, joalherias e lojas de suvenires. Para ver uma magnífica mostra de **joias com design** feitas com âmbar e *larimar*, procure a **Everett Designs**, onde a qualidade dessas pedras ganha o devido destaque. No entanto, prepare-se para gastar se sentir o desejo de comprar uma dessas joias, pois os preços aqui são caros. Na verdade, isso vale para todas as lojas desta vila. Dá a impressão de que os lojistas daqui sabem que muitos visitantes vão ficar apenas alguns dias, e, como esta é sua única oportunidade de comprar, irão pagar qualquer preço. Como sempre, vale a pena dar uma olhada e comparar preços antes de decidir a compra.

Um aspecto único de Altos de Chavón é o fato de abrigar uma comunidade residente de artistas e designers, cujas obras estão expostas em várias **galerias de arte** da vila. Se você se vê como um bom conhecedor de arte, quem sabe não acaba escolhendo uma pintura de algum futuro Picasso, e por um preço relativamente barato.

Se ficar em algum dos grandes resorts, do tipo *all-inclusive*, de **Punta Cana** ou **Bávaro** e sentir necessidade de comprar, dê um pulo no **Bávaro Plaza**, que fica ao norte dos resorts. Este shopping de um só andar é voltado para os turistas. Trata-se de um labirinto de lojas que vendem roupas, joias, pinturas e outras artes e artesanato. Se estiver viajando por conta própria e se hospedar em **El Cortecito**, a rua principal tem várias lojas de suvenires e cartões-postais.

Onde... Se Divertir

O fato de o sudeste atrair o maior número de turistas de toda a República Dominicana (a maioria deles para Punta Cana e Bávaro) significa que há muito para fazer aqui de dia e de noite. Esportes aquáticos como mergulho, natação e windsurfe mantêm a maioria das pessoas ocupada durante o dia, mas muitos resorts oferecem também passeios a vários lugares de interesse da região. As principais atividades à noite são comer, beber e dançar, tanto dentro dos grandes resorts como nos bares e restaurantes das cidades de San Pedro de Macorís e La Romana.

PASSEIOS DE UM DIA

Embora seja possível fazer **passeios de um dia** pela capital, Santo Domingo, para ver atrações e fazer compras, um programa mais popular é pegar um barco e ir **mergulhar** na **Isla Saona** ou na **Isla Catalina**. Os barcos saem de La Romana e de Bayahibe, e uma empresa confiável que faz esses passeios (saindo de Bayahibe) é a Seavis (tel. 757 1059, www.seavisbayahibe.com). Eles oferecem ainda a opção de um passeio em barco com cabine subaquática pelos recifes em volta da Isla Catalina.

MERGULHO

O sudeste tem boas oportunidades de **mergulho**, em especial em volta de Boca Chica, onde a Orca Divers (tel. 323 5369; www.orcadivers.net) organiza mergulho em cavernas e passeios ao Parque Nacional Submarino La Caleta, que tem alguns **navios naufragados** para explorar. Junto à Isla Catalina, perto de La Romana, fica um espetacular local de mergulho chamado "o Muro", onde um recife muito bem preservado abriga incrível variedade de vida marinha. Ligue para a Circe Divers (tel: 532 3333), com sede no Casa de Campo (➤ 119).

VIDA NOTURNA

Os resorts *all-inclusive* procuram oferecer muitas opções de diversão noturna aos seus hóspedes, como **shows ao vivo** e **clubes noturnos**, bebida grátis em todos os bares e **TV a cabo** nos quartos. Se você ficar na área de Punta Cana/Bávaro, o **Tropicalissimo**, um espetáculo de música e dança no **Barceló Bávaro Palace Hotel** (tel. 686 5797, www.barcelo.com), é uma festa para os olhos. O **anfiteatro grego** de **Altos de Chavón** (➤ 110) também abriga shows de artistas internacionais e da República Dominicana.

Os **clubes noturnos** de resorts tendem a tocar música familiar aos visitantes estrangeiros, mas os DJs locais têm tanto orgulho de sua música que quase sempre põem um pouco de merengue e *bachata* em suas seleções. O resultado é uma mistura de sucessos da música pop internacional com canções locais bem conhecidas. Se quiser uma dose mais forte de autêntica música dominicana, vá até um dos clubes de **San Pedro de Macorís** ou **La Romana**. Os locais mais animados são os do Malecón de San Pedro. O atual clube da moda é o high-tech Lexus. Em Romana, vá à RiCoMa Discotheque, na Calle Duarte, que às vezes tem bandas ao vivo, além de noites de DJ. Em **Altos de Chavón**, um dos redutos mais populares à noite é o Club Genesis, perto do Casa de Campo.

Sudoeste

Como Se Localizar

O sudoeste é a região menos visitada da República Dominicana, mas tem muito a oferecer a quem gosta de aventura. Tem desertos, montanhas exuberantes, lagos e algumas praias esplêndidas, embora um pouco pedregosas.

★ Destaques

Atrações

À direita: um *balneario* na Playa San Rafael, ao sul de Barahona
Na pág. anterior: peixes num dos lagos de água doce da Playa San Rafael

Há uma área atraente de dunas de areia e salinas perto de Baní, e as únicas minas de *larimar* do país ficam perto de Barahona. Também perto de Barahona há um "polo magnético", onde os efeitos da gravidade parecem estar invertidos. Uma opção interessante nesta região é dirigir na área do lago Enriquillo (➤ 164-167), onde é provável que você acabe vendo alguns iguanas, crocodilos e flamingos.

São poucas as atrações turísticas nas principais cidades da região – San Cristóbal, Baní, Azua e Barahona –, mas, como ocorre no resto do país, os moradores são amistosos e acolhedores. A maioria das pessoas fala apenas espanhol, e as estradas às vezes são ruins, mas essas dificuldades têm compensações. Com certeza, você não vai encontrar quase nenhum turista por aqui, e terá uma sensação real de descoberta ao explorar as praias da região, os parques nacionais e os pontos remotos próximos à fronteira com o Haiti.

Acima: a escolha da laranja perfeita no mercado de frutas de Baní

Explore as dunas de areia e as salinas perto de Baní e relaxe nas espetaculares praias ao sul de Barahona.

O Sudoeste em Dois Dias

Primeiro Dia

Manhã

Siga a oeste ao sair de Santo Domingo pela Carretera 2 no sentido de **3 San Cristóbal** (abaixo, à direita ➤ 132). Foi nessa estrada que a ditadura de Trujillo chegou ao fim, em 1961, após um assassinato cuidadosamente planejado. Pare para visitar a Catedral de San Cristóbal e depois vá até **4 Baní** (➤ 132), onde verá casas em cores vivas. Siga a estrada litorânea a sudoeste por 16km, até **1 Las Salinas** (➤ 128-129), para ver as dunas, as salinas e a praia de areia branca. Traga binóculos para observar as aves.

Tarde

Volte a Baní e continue a oeste pela Carretera 2, passando por Azua de Compostela, depois entre à direita na Carretera 44 até Barahona (acima), principal cidade da região. A vegetação à beira da estrada varia de árida a exuberante conforme a via sobe montanhas e segue pelos vales de rios.

Noite

Se ainda não estiver com vontade de descansar no hotel, explore as casas noturnas de Barahona. O lugar mais popular é o Lotus, no Parque Central.

Segundo Dia

Manhã/Tarde

Dirija pela estrada litorânea a partir de Barahona (Carretera 44) e escolha sua favorita entre as **2 praias do sudoeste** (acima ➤ 130-131), como Quemaito, Bahoruco, San Rafael, Paraíso ou Los Patos. Cada praia tem suas características e ficam perto uma da outra. Pare um dia para relaxar – nade no mar, refresque-se nos *balnearios* (piscinas naturais) e coma frutos do mar. Se estiver com pique, explore as únicas **5 minas de larimar** do mundo (➤ 133).

Se quiser algo mais radical do que voltar para a praia, passe o dia dirigindo em volta do **Lago Enriquillo** (➤ 164-167), uma viagem de cerca de 200km que ocupa um dia inteiro de modo agradável. O trajeto passa por alguns dos mais famosos locais de inscrições tainas e você pode também ver iguanas, crocodilos e flamingos no lago.

Noite

Jante no seu hotel ou procure algum restaurante à beira-mar, como o Brisas del Caribe (➤ 136), em Barahona.

Las Salinas

Las Salinas, localizada no extremo da península, premia os aventureiros curiosos com as sensuais curvas das dunas de Baní e as formas surrealistas em tons pastel das salinas. Também há uma boa praia para windsurfe aqui, e podem-se fazer passeios de barco pela Bahía de las Calderas. O tempo é sempre ensolarado, por isso o lugar é ideal para quem quer ganhar um bronzeado.

Magnífica vista da Bahía de las Calderas, a partir de Las Salinas

Para visitar esta área remota é preciso desviar da estrada principal para Barahona, seguir pela estrada litorânea a sudoeste por 20km, de **Baní** até Las Calderas, e depois até Punta Salinas, uma área que tem clima e paisagem bastante incomuns. Como boa parte do sudoeste, esta região é bem seca – tão seca, na verdade, que o sol brilha quase todos os dias do ano. O resultado são as mais altas dunas do Caribe e uma imensa área de salinas que avançam para o mar.

Para chegar às dunas de areia, é preciso entrar em uma base naval e pegar a estrada para a esquerda. As dunas se estendem por uma área de mais de 20km², e há muitos pontos em que se pode descer na beira da estrada e escalar uma alta duna para curtir a vista. Não é um deserto do Saara, mas, para quem nunca esteve antes numa área de **dunas**, a visão sem dúvida impressiona. A areia fina movimenta-se constantemente, criando linhas onduladas nas encostas das dunas; apenas alguns arbustos resistentes sobrevivem neste terreno.

As **salinas** são imensas extensões de águas rasas, cada uma com uma tonalidade pastel de azul, púrpura e verde ligeiramente diferente, com montes de sal empilhados nas beiradas. Trabalhadores – a maioria haitianos – labutam ao sol enchendo balsas de madeira com sal, arrastando-as até a margem e descarregando com uma pá o pesado conteúdo. Só de olhar já cansa, e o brilho do sal é ofuscante.

Las Salinas é apenas um agrupamento de casas, mas a paz do lugar é evidente, em especial durante a semana, quando se ouve apenas o barulho da água batendo na proa dos barcos. Você pode organizar passeios de barco ou mergulhar. Aos fins de semana, visitantes da capital animam um pouco o lugar. A praia de areia branca também atrai praticantes de windsurfe, pois a baía recebe uma boa brisa. Punta Salinas já virou um refúgio de fim de semana para os dominicanos da capital, mas só recentemente vem recebendo maior número de estrangeiros mais inclinados para a aventura.

FAÇA UMA PAUSA

Pequenos **quiosques** voltados para famílias servem uma variedade de lanches e especialidades dominicanas.

181 E1
95km a oeste de Santo Domingo

POR DENTRO DE LAS SALINAS

Dicas Escalar as dunas é mais recomendável bem cedo ou no final da tarde, pois entre esses dois horários **a areia pode ser escaldante**.
• Os padrões ondulados das dunas e os tons pastel das salinas oferecem ótimas oportunidades para tirar **fotografias incríveis**.

2 Praias do Sudoeste

Como ocorre na maioria das outras regiões da RD, as principais atrações do sudoeste são as praias, embora elas sejam bem diferentes das do restante do país. As montanhas cobertas de bosques da Sierra de Bahoruco descem íngremes até a costa e fornecem uma paisagem verde exuberante, enquanto uma estrada estreita segue as curvas do litoral, revelando fantásticas vistas de praias desde as suas elevações.

Não há praia digna de menção em Barahona, mas depois de seguir pela Carretera 44 para o sul da cidade por cerca de 6km, a **Playa Quemaito** brilha à esquerda. As palmeiras ondulantes, as águas azul-turquesa e a praia dão a ela uma aparência clássica e convidativa. Quemaito é particularmente boa para crianças, pois é protegida por um recife de coral. Também não há grandes hotéis por aqui, por isso é raro haver gente no meio de semana, embora a praia possa ficar movimentada com os residentes de Barahona no fim de semana.

A próxima cidade ao sul é Arroyo, de onde uma estrada de terra sobe as montanhas até as **minas de larimar** (➤ 133). Depois vem a vila pesqueira de **Bahoruco**, na qual uma praia de cascalho se estende por vários quilômetros e o único resort da região desfruta de um tranquilo isolamento.

As praias mais interessantes são as que vêm a seguir ao sul de Bahoruco, começando pela **Playa San Rafael**, popular entre os dominicanos nos fins de semana. O segredo de seu sucesso é a corrente de água doce que desce da montanha e emerge no final da praia, formando um *balneario*, ou piscina natural, que constitui um ponto ideal para se refrescar depois de brincar no mar. Há banheiros perto da praia, e também quiosques de

O rico verde do interior dá lugar às águas claras do litoral

Larimar: A Tranquila Pedra Azul

A pedra semipreciosa chamada *larimar* só é encontrada na RD, e as únicas minas daqui ficam no sudoeste. Em contraste com os tons quentes do âmbar, o *larimar* é encontrado mais frequentemente num tom de azul que faz lembrar um oceano claro ou um céu sem nuvens, embora possa variar de um quase branco a um turquesa intenso. Além de ser muito bonito, o *larimar* tem fama de produzir um efeito calmante em quem o usa. O museu do *larimar* de Santo Domingo (► 54) tem algumas peças maravilhosas.

comida com frutos do mar grelhados na hora, sem falar da fantástica vista que se tem da praia a partir de um mirante sobre uma elevação logo depois de San Rafael.

Descendo pelo litoral, as duas praias seguintes são **Paraíso** e **Los Patos**, ambas muito populares entre os dominicanos nos fins de semana. Embora Paraíso tenha algumas palmeiras inclinadas em direção às ondas e alguns trechos de areia, a praia costuma ficar cheia de detritos. Los Patos, por outro lado, tem uma boa laguna de água doce, que é ainda mais popular do que o *balneario* de San Rafael, atraindo centenas de visitantes para suas calmas águas. Não há praias bonitas depois de Los Patos; assim, quando tiver dado um passeio por aqui, volte pelo litoral para passar algumas horas na praia de sua preferência.

As palmeiras inclinadas da Playa Quemaito

FAÇA UMA PAUSA

Há bancas de comida que oferecem frango ou peixe, fritos ou grelhados, e às vezes guisado de bode. Se estiver à procura de um restaurante, volte até Bahoruco, onde o **Restaurante Luz** fica aberto o dia inteiro.

183 F5

POR DENTRO DAS PRAIAS DO SUDOESTE

Dicas Tenha cuidado ao nadar nas praias a sudoeste de Quemaito, pois as **ondas podem ser muito fortes** ao longo de todo o litoral.

Evite Paraíso não é tão paradisíaca como o nome poderia sugerir – talvez você se sinta melhor nas praias de **San Rafael** ou **Los Patos**.

Atrações

3 San Cristóbal

San Cristóbal é o local em que nasceu o presidente Trujillo, mas a cidade não ergueu monumentos ao falecido ditador. Trata-se basicamente de um polo industrial com pouco interesse para turistas, mas vale a pena parar para ver a catedral junto à praça central. Trujillo gastou milhões de dólares do governo reformando este majestoso edifício de cor mostarda, e suas paredes têm murais do pintor espanhol Zanetti, que fugiu para a RD durante a Guerra Civil Espanhola (1936-39). Trujillo viveu na Casa de Caoba, numa colina poucos quilômetros ao norte da cidade; hoje ela é um discreto museu, com alguns objetos pessoais e fotografias de Trujillo. Perto da casa fica o Balneario La Toma, que já foram os banhos privados do *Generalísimo*, mas estão hoje abertos ao público.

182 A1

Igreja de San Cristóbal

Balneario La Toma
Seg-sex 9h-18h **Barato**

4 Baní

Muitas das casas de madeira simples de Baní são pintadas em atraentes combinações de tons pastel – um traço típico dos dominicanos que dá um sabor tropical ao país. A cidade foi criada por imigrantes das ilhas Canárias no século 18, quando a Espanha temia uma invasão da França. A população prosperou graças a recursos locais como o mogno e o sal. O mais ilustre residente da cidade era o general Máximo Gómez, que, entre 1868 e 1878, ajudou a liderar a resistência contra os espanhóis em Cuba, que se tornou independente. Você pode visitar o local em que ele nasceu, mas há pouco para ver além de um busto do general e de uma solitária viga de sua antiga casa.

De maio a julho, procure as pequenas e doces mangas pelas quais Baní é famosa, e, se estiver por aqui

Cena do mercado em Baní

entre 15 e 24 de junho, participe das celebrações da *fiesta patronal* (► 13) em homenagem a San Juan Bautista, quando Baní se agita com dança, cantos e com o alto volume da música afro-latina.

181 F1

Casa de Máximo Gómez
Seg-sáb 9h-17h
Gratuito

5 Minas de Larimar

Para ver o *larimar* (► 131) sendo extraído da terra, siga para o interior até a pequena vila de Arroyo, entre Playa Quemaito e Playa Bahoruco, na Carretera 44, ao sul de Barahona, e pegue uma estrada de terra a oeste por cerca de 8km pelas montanhas até a vila de José Joaquin. As minas não têm nada de especial, mas se você chegar quando os mineiros estiverem descendo ou subindo a precária estrutura de madeira, com certeza a agilidade deles irá impressioná-lo. Às vezes as minas estão fechadas, por isso é bom checar antes com o seu hotel para não perder a viagem. Nesta área há muitas pessoas à beira da estrada vendendo peças de pedra de *larimar* não polidas.

183 F5 Perto de José Joaquin, a sudoeste de Barahona

6 Polo Magnético

Se você é do tipo que fica fascinado por aparentes contradições das leis da física, faça um passeio até a vila de Polo, que tem fácil acesso via Cabral, a noroeste de Barahona. Do lado da estrada, há um cartaz indicando o Polo Magnético. Passe para o outro lado da estrada, numa bifurcação, deixe o carro em ponto morto e veja-o subir a ladeira. Qualquer

Frutas frescas em abundância

objeto deixado na estrada produz o mesmo efeito, mas ninguém sabe ao certo por quê.

183 F5 Cabral, a noroeste de Barahona

7 Parque Nacional Sierra de Bahoruco

Este parque nacional cobre 800km² e fica a oeste de Barahona e ao sul do lago Enriquillo. É formado em sua maior parte por montanhas inacessíveis, algumas com mais de 2.000m de altura e cobertas de floresta tropical. Outras partes do parque são totalmente áridas. Poucas pessoas exploram esta área a fundo, pois não há onde pernoitar e as estradas são precárias, mas pode-se fazer um emocionante passeio de um dia por aqui num veículo 4x4 (➤ 164-167). A entrada do parque fica ao sul de Duverge, onde se pode subir até Loma de los Pinos, local do mirante El Acetillar.

180 B1 Diariam. 8h-17h
Barato

8 Parque Nacional Jaragua

Com 1.400km², este é o maior parque nacional do país, embora seja pouco visitado devido à sua localização remota. Ele fica na península de Hispaniola, a mais meridional do país, e engloba a grande Isla Beata e a laguna de Oviedo. Esta última abriga uma grande população de flamingos durante a maior parte do ano, e é possível fazer um passeio de barco por ela para ver essas aves exóticas e outras, como pelicanos e milhafres. Se você estiver num veículo 4x4, poderá ir até a Bahía de las Aguilas, perto de Cabo Rojo, que é considerada por alguns a melhor praia do país. A região é muito seca, caracterizada por imensos cactos, e algumas de suas cavernas contêm inscrições dos tainos.

183 E4 Diariam. 8h-17h
Barato

9 Isla Cabritos

Situada no meio do lago Enriquillo, a Isla Cabritos é habitada por crocodilos americanos, flamingos e iguanas, que fazem dela um local muito visitado. Os barcos partem para a ilha da praia norte do lago Enriquillo, cerca de 4km a leste de La Descubierta. Em geral, os passeios saem de manhã bem cedo, por isso você terá de madrugar em Barahona ou pernoitar em acomodações simples em La Descubierta. A ilha inteira fica abaixo do nível do mar e é coberta de cactos e outras plantas do deserto. Os iguanas daqui são quase domesticados e sempre estão à procura de algum petisco.

180 A1 Lago Enriquillo
Diariam. 8h-17h

Um passeio de barco pela grande laguna de Oviedo, no Parque Nacional Jaragua, oferece ótimas oportunidades para observar aves

Onde... Ficar

Preços
Diárias prováveis para quarto de casal, sem os 26% de taxas (10% de serviço, 16% de imposto)
$ menos de US$70 **$$** US$70 a US$130 **$$$** mais de US$130

BAHORUCO

Casa Bonita $-$$

Localizado numa pequena colina junto à Carretera 44, em Bahoruco, este pequeno resort tem apenas uma dúzia de chalés de concreto e sapé, todos com ar-condicionado e água quente. Tem uma piscina e um bar atraente, e um salão de jantar. Café da manhã e jantar estão incluídos na diária. A atmosfera aqui é muito tranquila, e às vezes pode ser difícil achar alguém para atendê-lo.

183 F5 Calle Federico Geraldino 87 476 5059; www.casabonita.dr

Coral Sol Resort $

Este é outro local não muito fácil de achar – procure a pequena placa a leste da Carretera 44, cerca de 3km ao sul de Bahoruco. O Coral Sol se apresenta como um **eco-resort**, e sem dúvida é bastante luxuoso. São apenas nove cabanas, cada uma com dois quartos e banheiro. As diárias são de dois tipos – uma só com o café da manhã e a outra com o café da manhã e o jantar – e ambas são bastante razoáveis.

183 F5 Perto da Carretera 44, 3km ao sul de Bahoruco 233 4882; www.coralsolresort.com

Hotel Costa Larimar $$

Este é o único resort do tipo *all-inclusive* do sudoeste. Está situado em Bahoruco, cerca de 16km ao sul de Barahona na Carretera 44, em uma bela praia. Embora suas instalações não sejam tão variadas como as dos grandes resorts do litoral norte e leste, as diárias são mais baratas e incluem também todas as refeições e bebidas. A área de refeições e o bar são atraentes, assim como a grande piscina. Todos os quartos têm TV a cabo, e à noite o bar tem música ao vivo.

183 F5 Carretera 44 524 1111; fax 524 7063; www.hotelcostalarimar.com

BARAHONA

Club Hotel Quemaito $-$$

Quemaito é a primeira boa praia da Carretera 44 ao sul de Barahona, e este pequeno hotel é um bom ponto para ficar – mas você terá que procurar com atenção a placa que indica para descer por uma estreita rua saindo da estrada principal. Dos doze quartos daqui, oito têm ar-condicionado, quatro têm ventilador e uns poucos têm vista para o mar. O local tem ainda uma pequena piscina e um gramado. As opções são só o quarto, meia pensão e pensão completa.

180 C1 Juan Estaban, Km10 Carretera Barahona-Paraíso 649 7631; www.stodomingo.cjb.net

PALENQUE

Hotel Playa Palenque $

Opção confiável no sudoeste, com fácil acesso para Santo Domingo, a leste, este hotel fica perto da praia e é cercado por uma área rural intocada. Daqui você pode fazer passeios de um dia até a fronteira com o Haiti ou até a Cordillera Central. Os quartos são simples e limpos, com ar-condicionado. Tem piscina, jardim com bananeiras, mangueiras e laranjeiras e um restaurante.

183 F5 Carretera Paraiso, El Arroyo 341 8462

Onde... Comer e Beber

Preços
Preços prováveis por pessoa por uma refeição, sem bebida, gorjetas e taxas (26%)
$ menos de US$15 **$$** US$15 a US$25 **$$$** mais de US$25

BAHORUCO

Restaurante Luz $-$$

As praias a sudoeste de Barahona, como San Rafael e Los Patos, atraem muitos visitantes, que acabam, é claro, ficando com fome e sede durante sua estadia. Em geral eles comem e bebem nas barracas de praia, mas se você prefere sentar num restaurante e comer melhor, vá até esse local na rua principal de Bahoruco, no centro da cidade mas com vista do litoral. O salão do andar superior tem vista bonita e recebe brisa fresca. O menu é pequeno, concentrado em frutos do mar servidos com arroz e feijão. Você pode acompanhar com uma cerveja gelada enquanto aprecia o mar e ouve as ondas batendo na praia.

183 F5 Calle del Playa 630 9861 Diariam. 8h-23h

BARAHONA

Asadero Los Robles $

Se você procura um lugar animado para comer em Barahona, experimente este estabelecimento na estrada litorânea, no centro da cidade. Com bancos à sombra em área ajardinada, é muito popular entre os residentes, especialmente os jovens, e fica bem agitado à noite. Carne e peixe grelhados são os pratos mais populares do cardápio, e tudo tem preço razoável. Merengue e *bachata* em alto volume dão ao lugar a autêntica atmosfera dominicana.

180 C1 Avenida Enriquillo esquina com Calle Nuestra Señora del Rosario 524 1629 diariam. 10h-madrugada

Brisas del Caribe $-$$

Situado na extremidade norte da Avenida Enriquillo, que corre ao longo do litoral em Barahona, este restaurante moderno, aberto, faz jus o nome, pois quase sempre recebe a brisa do oceano. Os garçons se apresentam bem-vestidos e o serviço é excelente. O extenso cardápio tem pratos de frutos do mar tentadores, como camarões com alho e lagosta grelhada, e os drinques são variados. Embora o local receba poucos visitantes estrangeiros, já que a maioria fica em hotéis distantes da cidade, ele é muito popular entre os residentes mais ricos, e é bom reservar para o jantar.

180 C1 Avenida Enriquillo, Barahona 524 2794 Diariam. 9h-23h

La Rocca $$-$$$

Este é outro restaurante aberto, na estrada litorânea de Barahona, 5km ao sul do centro, embora não tenha a magnífica vista do mar e a brisa suave do Brisas del Caribe. O cardápio do La Rocca cobre uma ampla variedade de pratos, incluindo pratos de carne e frango e até algumas receitas alternativas preparadas no estilo da culinária chinesa. A especialidade – como seria de esperar – são os frutos do mar, como moluscos em molho de alho, lagosta à termidor, camarões grelhados e barracuda grelhada. O restaurante também serve grande variedade de bebidas, inclusive vinho, cerveja e coquetéis, e o serviço costuma ser muito eficiente e cordial.

180 C1 Avenida Enriquillo 14
970 7630
Diariam. 9h-22h

SAN CRISTÓBAL

Chichita $

Opção mais popular para lanches ou para uma refeição completa na cidade, o Chichita é um restaurante dominicano típico que serve pratos deliciosos e baratos de arroz e feijão com uma variedade de carnes e frangos grelhados. É um ótimo lugar para conversar e praticar seu espanhol. Os moradores param para comer *pasteles en hoja*, um tipo de *empanada* dominicana disponível em vários sabores. São ideais para um lanche no meio da manhã ou da tarde ao viajar pelo sudoeste.

182 A1 Avenida Padre Ayala
528 3012
Diariam. 9h-24h

Onde... Comprar

Como o sudoeste é a região onde o turismo é menos desenvolvido na RD, aqui as oportunidades de comprar suvenires são poucas.

Quase todos os visitantes da área passam antes por Santo Domingo, onde há mais lojas e opções, por isso é melhor você planejar suas compras na capital (➤ 63). Mas o sudoeste é o único lugar do mundo onde se extrai o *larimar*, por isso os preços desta linda pedra são mais baratos aqui.

BAHORUCO

Não há lojas de presentes voltadas para turistas nas principais cidades do sudoeste (Barahona, Baní e San Cristóbal), e o único local em que você vai encontrar uma mostra de âmbar e *larimar*, pinturas haitianas, rum e charutos é a loja de presentes do resort **Hotel Costa Larimar** (➤ 135). Além disso, se você passar algum tempo nas praias do sudoeste, provavelmente será abordado por vendedores de praia oferecendo pequenas peças de joias baratas.

BARAHONA

A República Dominicana produz um dos melhores cafés do mundo, e, se você aprecia um cafezinho, vai gostar de dar uma olhada na **Melo Coffee Factory** de Barahona, na Calle Anacaona 10 (abre seg-sáb 8h-17h), onde os grãos cultivados na Cordillera Central são processados para exportação. Para combinar uma visita informal à fábrica, basta pedir ao proprietário do Melo's Café, que fica ao lado.

Ao passar pela Carretera 44, a sudoeste de Barahona, na região de Arroyo, fique de olho nos vendedores de **larimar** à beira da estrada. Como as minas de *larimar* (➤ 133) ficam perto, os preços podem ser bem baratos, mas a maioria das peças vendidas é rústica e não lapidada, por isso é difícil avaliar a qualidade. Mesmo assim, o *larimar* é sempre uma boa lembrança da República Dominicana.

CABRAL

A pequena cidade de **Cabral**, apenas 15km a noroeste de Barahona, é famosa por suas **máscaras de carnaval**. Informe-se no escritório do parque da laguna Cabral, logo ao norte da cidade, para comprar um desses elaborados e coloridos objetos. Eles ficam muito bem decorando paredes, apesar de serem volumosos e frágeis, e por isso um pouco incômodos de carregar na viagem de volta. Se você por acaso estiver aqui durante a Semana Santa, poderá se juntar à celebração do Carnaval Cimarrón, quando todos se fantasiam e vestem máscaras do demônio. As coisas também ficam animadas durante a festa da padroeira, La Señora de los Remedios, de 3 a 9 de setembro.

É sempre interessante passear pelos **mercados locais** da região, e, mesmo que você não leve suvenires, provavelmente encontrará alguns tipos de comida que nunca viu antes e terá contato com o jeito amistoso dos dominicanos. Se planejar passar um dia na praia, é uma boa ideia se abastecer de frutas frescas para um piquenique, e os mercados locais são o melhor local para isso. Outros itens de piquenique oferecidos são garrafas de água, gelo, uma variedade de linguiças e queijos, e pão fresco.

Se estiver passando por **Baní** durante maio-julho, pare em alguma das bancas à beira da estrada e prove as doces e deliciosas **mangas** que tornaram esta cidade famosa. Outras coisas que você pode comprar nos pequenos mercados da região são café, charutos baratos para consumo doméstico e os *dulces criollos*, os doces locais.

Onde... Se Divertir

No sudoeste, acontece com a diversão o mesmo que ocorre com as compras. A maioria dos que visitam a região é atraída por sua diversidade geográfica e apelo da natureza: assim, depois de se ocuparem durante o dia, as pessoas querem mais é descansar à noite. Embora as praias sejam a principal atração, as fortes ondas na maior parte do litoral dão pouco espaço para esportes aquáticos, e a vida noturna se limita aos poucos e rústicos clubes noturnos de Barahona.

ESPORTES AQUÁTICOS

O passatempo mais popular durante o dia para os turistas dominicanos no sudoeste é relaxar em algum dos refrescantes ***balnearios***, as piscinas naturais da região. Os de **Playa San Rafael** e de **Los Patos** (➤ 130-131) são muito populares, pois nesses locais é possível alternar o banho de mar com a água refrescante da piscina natural de água doce. Os *balnearios* ficam lotados nos fins de semana, quando os dominicanos saem de Santo Domingo e Barahona para passar o dia fora. Para evitar muita gente, vá às piscinas de Villa Mirian, em San Rafael (sinalizada a partir da estrada do litoral), pois o pequeno ingresso cobrado afasta as multidões.

Há vários *balnearios* em volta do lago Enriquillo – o de **La Descubierta** talvez seja o mais bonito e refrescante (➤ 167). O local é bom para um piquenique.

VIDA NOTURNA

À noite, a maioria fica feliz em voltar para o hotel a fim de descansar e se recuperar para o dia seguinte, para novas explorações, ou então para nadar ou relaxar. Mas se você sentir vontade de circular, vá até Barahona e confira as casas noturnas locais, onde só se toca merengue e *bachata*. O melhor local da cidade é a **Lotus**, junto ao Parque Central, que tem movimento a partir da meia-noite. Mas se você preferir um bar animado, **La Campina** fica também junto ao parque, e há ainda a opção do **Asadero Los Robles** (➤ 136), um reduto popular da juventude local, na estrada litorânea perto do centro da cidade. A música é tipicamente dominicana, e o lugar é bom para conhecer gente e para tirar a poeira do seu espanhol.

Se você se hospedar no **Hotel Costa Larimar** (➤ 135), poderá ouvir música ao vivo e dançar todas as noites.

Vale do Cibao e Cordillera Central

Como Se Localizar

Como a República Dominicana é mais conhecida como um destino de praias, poucos visitantes exploram seu interior. Mas os fãs da natureza e os que procuram emoções radicais podem tirar proveito disso, pois as montanhas e os vales do país contêm alguns cenários belíssimos, e o terreno acidentado vai bem com esportes de aventura. Também é fácil e rápido dirigir pelo interior, pois a Autopista Duarte (Carretera 1) liga Santo Domingo a Santiago de los Caballeros no vale do Cibao perto do litoral norte.

O vale do Cibao fica amparado pelas montanhas da Cordillera Septentrional, ao norte, e pelas da Cordillera Central, mais ao sul. Por ele corre o principal rio do país, o Yaque del Norte, desde os planaltos centrais até o mar, em Monte Cristi, no extremo noroeste da RD. Por todo o vale, lavouras como as de tabaco, arroz, banana e laranja crescem no solo fértil e são vendidas nas agitadas feiras de Santiago.

A principal cidade nos planaltos da Cordillera Central é Jarabacoa, um local pequeno mas acolhedor que desfruta de um clima fresco, quase alpino, a 500m de altitude. De Jarabacoa você pode fazer trilhas até cachoeiras, andar a cavalo ou fazer rafting de rio, entre muitas outras opções. O maior desafio aqui é escalar o pico Duarte (➤ 170), com 3.087m de altitude, o ponto mais alto de toda a região do Caribe.

À direita: centro de Recreo, Santiago de los Caballeros
Na pág. anterior: trabalhador no canavial, perto de Santiago de los Caballeros

★ Destaques

Atrações

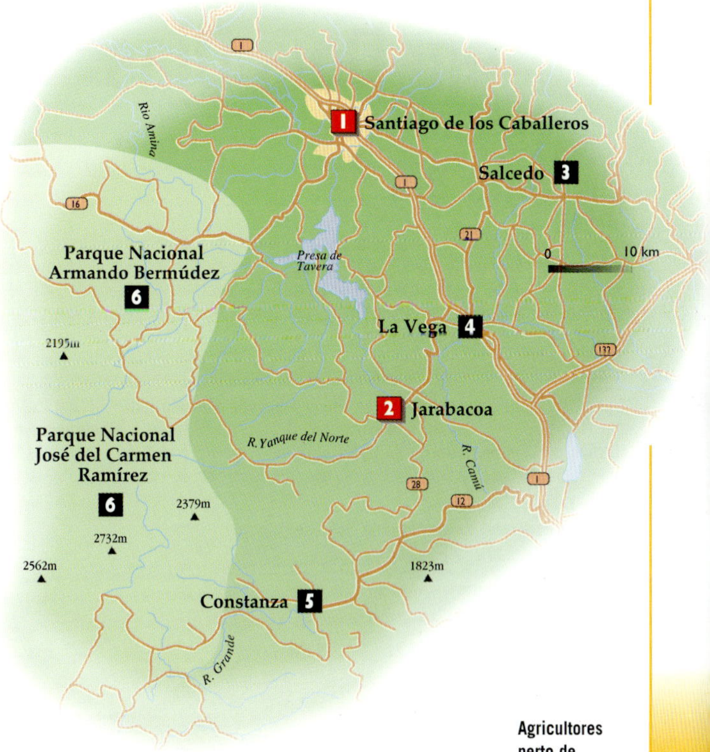

Agricultores perto de Constanza

Visite um museu folclórico e uma fábrica de charutos em Santiago, e depois as montanhas e as cachoeiras de Jarabacoa.

O Vale do Cibao e a Cordillera Central em Dois Dias

Primeiro Dia

Manhã

Comece pelo coração de **1 Santiago** (➤ 144-146) no Parque Duarte, ladeado pela Catedral de Santiago Apóstol e pelo Centro de Recreo, ambos de interesse arquitetônico. Daqui, ande algumas quadras para o norte até o **Museo des Artes Folklórico Tomás Morel**, instalado em uma colorida casa de estilo vitoriano.

Tarde

Se você procura suvenires, siga até o **Mercado Modelo** (abaixo), na Calle del Sol. Ou então vá direto ao maior edifício da cidade, o **Monumento a los Héroes de la Restauración de la República**. Termine o dia com um passeio pela Aurora Tabacalera, uma das maiores **fábricas de charutos** do país.

Noite

Se a sua prioridade é aproveitar ao máximo a noite, fique em Santiago e visite uma das muitas casas noturnas da cidade; entre as opções estão a Tanari Disco Club, no Hodelpa Centro Plaza Hotel (➤ 156). Há também muitos bares agitados em volta do Monumento a los Héroes de la Restauración de la República, mas talvez você prefira testar sua sorte num cassino (➤ 156). Se preferir, pegue o caminho de Jarabacoa, onde você irá acordar no dia seguinte com uma paisagem muito mais bonita.

Segundo Dia

Manhã/Tarde

Se você passou a noite anterior em Santiago, saia cedo para **2 Jarabacoa** (➤ 147-150) e aproveite o ar puro e fresco da montanha. De que jeito você vai passar o dia aqui depende de quanto gosta de aventura. A maioria das pessoas chega em grupos para um passeio de **rafting** pelo rio Yaque del Norte, o que consome a maior parte do tempo. Mas pode ser igualmente compensador visitar as duas atraentes cachoeiras da cidade, **Salto de Jimenoa** e **Salto de Baiguate** de manhã, e depois instalar-se para um piquenique e uma tarde tranquila no **Balneario La Confluencia**.

Noite

Como ocorre de dia, também há opções mais agitadas ou mais tranquilas à noite. Você pode ficar no hotel, curtindo o ar fresco e a tranquilidade rural, ou ir para a cidade dançar em alguma das casas noturnas em volta do Parque Central.

Santiago de los Caballeros

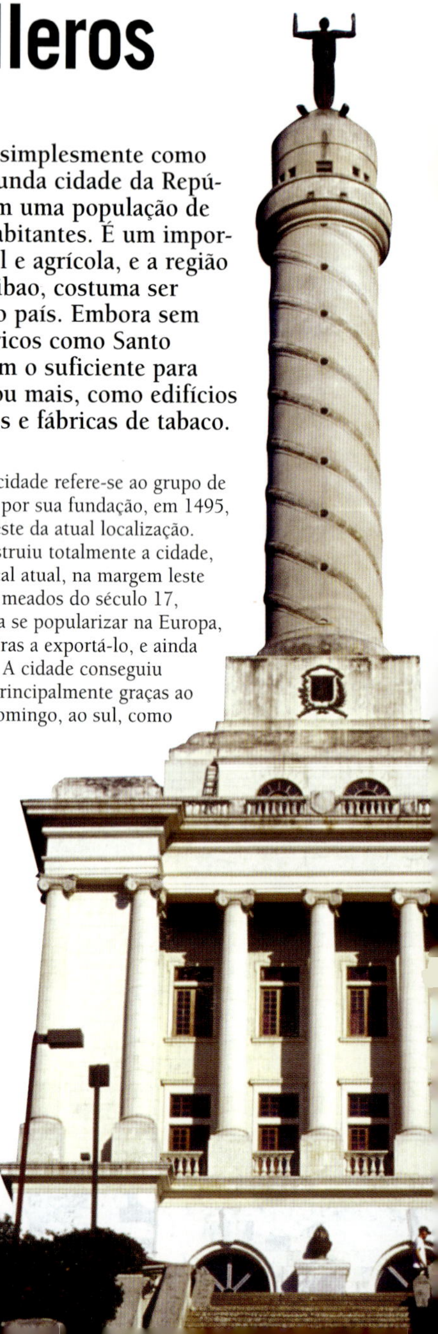

Conhecida por todos simplesmente como Santiago, esta é a segunda cidade da República Dominicana, com uma população de quase 1 millhão de habitantes. É um importante centro industrial e agrícola, e a região em volta, o vale do Cibao, costuma ser chamada de celeiro do país. Embora sem tantos edifícios históricos como Santo Domingo, Santiago tem o suficiente para ocupá-lo por um dia ou mais, como edifícios importantes, mercados e fábricas de tabaco.

O "*caballeros*" do nome da cidade refere-se ao grupo de trinta homens responsáveis por sua fundação, em 1495, poucos quilômetros a nordeste da atual localização. Em 1562 um **terremoto** destruiu totalmente a cidade, e ela foi reconstruída no local atual, na margem leste do rio Yaque del Norte. Em meados do século 17, quando o **tabaco** começou a se popularizar na Europa, Santiago foi uma das primeiras a exportá-lo, e ainda hoje é um grande produtor. A cidade conseguiu preservar sua importância principalmente graças ao acesso fácil tanto a Santo Domingo, ao sul, como a Puerto Plata, ao norte.

O **Parque Duarte** é uma grande praça sombreada no centro da cidade, com alguns dos edifícios mais importantes em volta. O mais destacado é a **Catedral de Santiago Apóstol**, do final do século 19, mas reformada há pouco. Seu interior cavernoso contém alguns interessantes vitrais modernos, além de elaborados entalhes nos portais. Também defronte à praça fica o **Centro de Recreo**, do mesmo período, embora sua visível influência mourisca contraste muito

Acima: carruagem puxada a cavalo, uma ótima maneira de conhecer a cidade

com o estilo vitoriano evidente na maior parte dos demais edifícios ao redor. O edifício é usado como clube privado, e a própria praça funciona como um ponto de encontro informal, onde é fácil iniciar uma conversa com alguém. No lado norte da praça você pode ver charretes puxadas por cavalo que oferecem passeios pelas atrações da cidade.

Situado algumas quadras ao norte do Parque Duarte, o **Museo de Arte Folklórico Tomás Morel** fica numa casa vitoriana pequena e pintada em cores vivas e vale a visita por sua peculiar coleção de objetos dominicanos. Além de um gabinete de refrigeração considerado a primeira geladeira da RD, há máscaras de carnaval, peças associadas ao merengue e objetos variados dos cultos afro-cristãos (► 13).

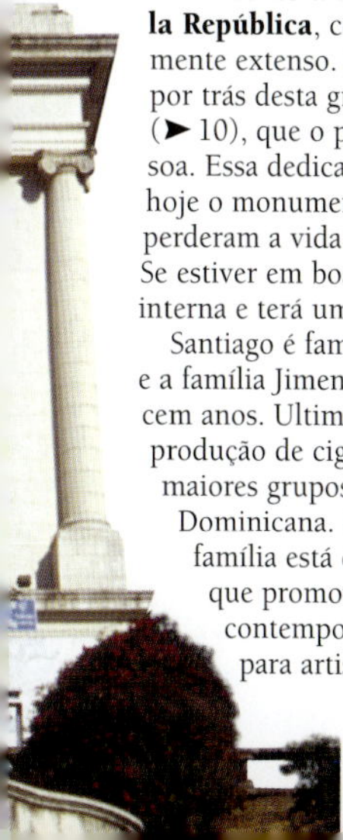

A atração que dificilmente alguém vai perder em Santiago, visível de todos os pontos da cidade, é o **Monumento a los Héroes de la Restauración de la República**, com 67m de altura e um nome igualmente extenso. Não é difícil adivinhar que o homem por trás desta grandiosa estrutura foi Rafael Trujillo (► 10), que o planejou como memorial à sua pessoa. Essa dedicatória foi revista após sua morte, e hoje o monumento homenageia os dominicanos que perderam a vida na luta pela independência do país. Se estiver em boa forma, você pode subir a escadaria interna e terá uma vista fantástica da cidade.

Santiago é famosa por seus produtos de tabaco, e a família Jimenes está à frente do setor há mais de cem anos. Ultimamente eles entraram também na produção de cigarros e de cerveja e viraram um dos maiores grupos industriais nacionais da República Dominicana. Entre os esforços filantrópicos da família está o **Centro Léon**, fundado em 2003, que promove as melhores exposições de arte contemporânea do país. Além de abrir espaço para artistas locais, o fundo patrocina ofici-

À esquerda: monumento a los Héroes de la Restauración de la República

nas de arte. Há ainda um museu dedicado à indústria do tabaco na cidade.

FAÇA UMA PAUSA

Numa cidade deste porte há muitas opções, mas uma escolha confiável é o **Pez Dorado**, na Calle del Sol (➤ 155).

Vista geral de Santiago

181 E4

Museo de Arte Folklórico Tomás Morel
Restauración 174
582 6787
Seg-sex 9h-13h, 15h-18h
Gratuito

Centro Léon
Avenida 27 Feb, Villa Progressa
582 2315; www.centroleon.org
Seg-sáb 9h30-17h
Moderado

POR DENTRO DE SANTIAGO DE LOS CABALLEROS

Dicas O sistema viário de Santiago pode ser confuso para quem chega, por isso faz sentido recorrer a uma moto, táxi ou charrete para passear pela cidade. Não se esqueça de **combinar o valor da corrida antes**, se não você poderá ficar passeando à toa pela cidade.

Não deixe de ver O **Museo de Arte Folklórico Tomás Morel** é uma verdadeira mina de ouro de peças dominicanas confinadas num pequeno espaço, e em geral há um guia entusiasmado explicando tudo.

2 Jarabacoa

Esta cidade de cerca de 10 mil habitantes tem um dos melhores climas do país e é um tradicional retiro dos dominicanos ricos. Hoje ela aparece também no itinerário dos turistas hospedados nos grandes resorts de praia, que sobem as montanhas para uma dia de rafting ou canoagem. Mas vale a pena apreciar estas belas paisagens sem pressa. Com tantos esportes de aventura em oferta, além de acomodações confortáveis, Jarabacoa é um destino ideal para quem viaja por conta própria.

Jarabacoa fica na margem leste do rio Yaque del Norte, e os campos e pomares em volta da cidade são cultivados com frutas mais comuns em climas temperados, como morangos, framboesas e maçãs. Nas colinas em volta há também fazendas de café. Embora o pequeno centro da cidade seja agradável e conte com a maioria dos serviços necessários, como bancos, lojas de conveniência e lan houses, as atrações da região ficam fora da cidade.

Há várias **cachoeiras** na área, e as duas mais visitadas são salto de Baiguate e salto de Jimenoa. Ambas estão a poucos quilômetros do centro da cidade, e pode-se chegar a elas de carro, moto ou a cavalo. O **Salto de Baiguate** tem acesso um pouco mais difícil, recebe menos visitantes e tem um fluxo de água menos impressionante, que cai em uma piscina rasa. No entanto, é mais tranquilo, e as encostas em volta, íngremes e com bosques, oferecem uma linda vista. A curta trilha que se faz a pé para chegar até esta cachoeira a partir da área de estacionamento costuma ficar cheia de borboletas.

O **Salto de Jimenoa**, com cerca de 40m de altura, tem acesso mais fácil e carrega mais volume de água, por

Salto de Jimenoa

isso recebe um número bem maior de visitantes. Da área de estacionamento, situada ao lado de um quartel militar, é preciso subir por pedras e sinuosas passagens de madeira que correm ao lado do rio e depois o atravessam a fim de ter uma visão das quedas-d'água. A água cai com estrondo por uma estreita passagem sobre a face de uma rocha, até alcançar uma piscina funda de cor verde, ótima para um mergulho refrescante. Bem ao lado da cachoeira há uma banca de refrigerantes.

Outra cachoeira, ainda mais alta, o **Salto de Jimenoa Uno**, fica localizada mais acima no rio Jimenoa, cerca de 7km ao sul da cidade, junto à estrada para Constanza. Com uma queda de mais de 60m, é a cachoeira mais espetacular da região, mas é bem difícil de encontrar, por isso é melhor ir com um guia.

Nos subúrbios ao norte da cidade, o **Balneario La Confluencia** é um ponto popular para relaxar sob as árvores junto à confluência dos rios Yaque del Norte e Jimenoa. A água é bem rasa aqui, e a corrente não é muito forte perto das margens, por isso é um local procurado para nadar, ou pelo menos para brincar na água. Nesta área são oferecidos passeios **a cavalo** pelas margens do rio, e nos fins de semana grandes grupos de dominicanos chegam carregados de cestas de piquenique e com as inevitáveis caixas de som tocando merengue.

Mas o que atrai mais estrangeiros para Jarabacoa não são as cachoeiras nem os piqueniques, mas a descarga de adrenalina dos vários esportes de aventura disponíveis. O mais popular deles é o **rafting** pelas corredeiras do rio Yaque del Norte, uma experiência emocionante e sem maiores riscos, que custa por volta de US$60 por pessoa por dia. Os participantes são levados pela estrada até La Ciénaga, a sudoeste da cidade, onde recebem um capacete, um colete salva-vidas e uma aula sobre segurança. Depois entram em um bote inflável em grupos de até seis pessoas, uma das quais é o guia e capitão da embarcação.

Depois que o bote está na água, os remadores têm a missão de contornar as pedras que pontuam o rio, como numa corrida de obstáculos. É claro que, com novatos a bordo, não é incomum que as

Ponte perto do salto de Jimenoa

Rafting no rio Yaque del Norte

balsas fiquem encalhadas nas pedras ou que girem e desçam de costas pela corrente, mas esses percalços fazem parte da diversão. Se você nunca fez rafting antes, este é um bom lugar para começar, mas, se você já tem boa experiência, talvez ache que não é desafio suficiente, pois as corredeiras não oferecem reais dificuldades.

Há muitos outros esportes de aventura por aqui, como **canoagem**, que envolve andar por trilhas, saltar, nadar e fazer rapel por faces de rocha ao longo de um trecho do rio Jimenoa. Se preferir algo um pouco menos extenuante, faça um safári de jipe ou um passeio de quadriciclo ou mountain bike. Se você procura um desafio ainda maior e tem alguns dias de sobra, faça a trilha até o **Pico Duarte** (► quadro, página 170).

FAÇA UMA PAUSA

Se você se inscrever num passeio, o almoço estará incluído, mas, se você procura um local na cidade com cardápio variado e comida confiável, experimente **El Rancho** (► 154), localizado na Avenida Independencia.

---

181 E3
155km a noroeste de Santo Domingo
***Guagua* de La Vega a cada 30min**

POR DENTRO DE JARABACOA

Dicas As cachoeira e o Balneario La Confluencia podem ficar **lotados** de dominicanos **nos fins de semana**; por isso, se você procura a tranquilidade rural, programe sua visita para o meio da semana.

• Para um passeio de carro agradável, apesar da estrada esburacada, e com **ótima vista** das montanhas, pegue a estrada para Constanza (► 151-152), cerca de 50km para o sul. Escolha um veículo 4x4, especialmente se choveu.

Para saber mais Para mais **informações sobre esportes de aventura** em Jarabacoa, consulte os seguintes sites:
www.dr-canyon.com
www.godominicanrepublic.com e clique no link eco tourism

Atrações

Agricultores perto de Constanza

3 Salcedo

Localizada 30km a leste de Santiago, numa região de fazendas de café e cacau, Salcedo é uma pequena cidade associada a um terrível episódio da história do país. Na entrada, sobre um muro, há retratos das três irmãs Mirabal, cuja oposição política se tornou tão incômoda para o general Trujillo (➤ 10) que ele ordenou o assassinato delas em novembro de 1960. Na Plazoleta de las Hermanas Mirabal, poucos quilômetros a leste de Salcedo, está a carcaça do carro em que elas morreram e uma escultura em sua memória. Perto também fica o Museo de las Hermanas Mirabal, com fotografias e objetos pessoais das três heroínas dominicanas.

181 F4 ✉ Carretera 132, a leste de Santiago

4 La Vega

Esta é uma dinâmica cidade industrial na Autopista Duarte (Carretera 1), a sudeste de Santiago, que ganha nova vida na **época do Carnaval** (fevereiro). Seus edifícios são sem graça, e até a catedral de concreto erguida em 1992 junto à praça central é considerada uma das construções mais feias do país – uma malconcebida junção de elementos modernos e coloniais. Mas, se estiver por aqui em algum domingo de fevereiro, não perca as incríveis cenas de pessoas fantasiadas e usando máscaras de Carnaval, fazendo bagunça pelas ruas. Aqui se celebra talvez o Carnaval mais animado do país, mas tome cuidado: uma das brincadeiras é jogar bexigas de porco cheias de água para encharcar os outros (➤ 11-12).

181 E3 ✉ Carretera 1, a sudeste de Santiago

5 Constanza

Situada num vale a uma altitude de 1.300m, Constanza é uma pequena cidade, em si de pouco interesse, mas cercada por campos de moran-

Lavagem de roupas no rio Yaque del Norte, perto do pico Duarte

gos, alho e rosas que criam paisagens pitorescas. Nessa altitude, a temperatura cai muito no inverno, o que é uma tremenda novidade para quem mora num país tropical, e por isso há várias mansões de dominicanos ricos nas encostas do vale. Na década de 1950, o general Trujillo trouxe para cá várias famílias japonesas para que introduzissem seus métodos agrícolas, e desde então têm ocorrido vários casamentos inter-raciais na comunidade. Embora as colinas em volta tenham sido desmatadas, ainda há boas trilhas pela região. O hotel Cabañas de la Montaña, a leste da cidade, pode sugerir trilhas ou arrumar um guia para acompanhá-lo.

181 D2
Cerca de 50km ao sul de Jarabacoa

6 Parques Nacionais Armando Bermúdez e José del Carmen Ramírez

Esses dois parques nacionais, um ao lado do outro na Cordillera Central, cobrem uma área de mais de 1.500km². Eles contêm as montanhas mais altas do Caribe, entre elas o **Pico Duarte**, que com seus 3.087m constitui uma desafiadora trilha de vários dias (► box, página 170). Esta parte da República Dominicana é tão inóspita que fica difícil o acesso, o que garantiu a proteção da riqueza de vida selvagem, com javali, e aves como papagaios e pica-paus dentro dos limites dos parques. Seja qual for a trilha que você decidir fazer, é bom percorrê-la junto com um guia. Há cabanas onde você pode pernoitar, mas as acomodações são bem básicas, como seria de esperar em uma localidade como esta.

181 D3
Diariam. 8h-17h
Há vários postos de guardas florestais nas diversas entradas dos parques nacionais
Caro

Onde... Ficar

Preços
Diárias prováveis para quarto de casal, sem os 26% de taxas (10% de serviço, 16% de imposto)
$ menos de US$70 **$$** US$70 a US$130 **$$$** mais de US$130

JARABACOA

Gran Jimenoa $-$$

Localizado junto ao rio, a poucos quilômetros do centro de Jarabacoa, este hotel de três andares, relativamente novo, oferece excelente relação custo-benefício. Os quartos são espaçosos, têm ar-condicionado e TV, e o café da manhã está incluído na diária. Há piscina e banheira de água quente.

181 E3 Avenida La Confluencia, Los Corralitos 574 6304; www.granjimenoa.com

Pinar Dorado $

Este atraente edifício que lembra uma pousada nos Alpes é uma boa base em Jarabacoa. Dirigido pelos donos do Rancho Baiguate, fica um pouco a leste do centro da cidade, na estrada para Constanza. Todos os 40 quartos são confortavelmente equipados com ar-condicionado, TV a cabo e banheiros com água quente, e vários deles têm bonita vista da piscina, rodeada de pinheiros. Tem um restaurante agradável e oferece refeições a preços razoáveis. O atendimento é muito solícito.

181 E3 Carreterra Jarabacoa-Constanza Km 1 574 2820; fax 574 2237; pinardorado@codetel.net.do

Rancho Baiguate $-$$

Este rancho de formato irregular, em imensa área a leste de Jarabacoa, é um dos mais conhecidos centros de esportes de aventura do país, por isso seus 17 quartos são populares entre os que participam das atividades oferecidas no local, como rafting, canoagem, passeios a cavalo e safáris de quadriciclo (➤ 148). Os quartos, em cabanas espalhadas pelo local, não dispõem de ar-condicionado, mas têm água quente, ventilador e mosquiteiro. O hotel tem ainda piscina, campo de futebol, quadra de basquete e lago para pesca. A diária inclui refeições tipo bufê.

181 E3 Carreterra Jarabacoa-Constanza Km 5 574 6890; fax 574 4940; www.ranchobaiguate.com

SANTIAGO DE LOS CABALLEROS

Colonial $

Este hotel com boa localização, perto do centro de Santiago, é ideal para quem quer economizar. De frente parece pequeno, mas tem 60 quartos entre o edifício antigo e o novo. Os quartos variam bastante de tamanho, uns têm ventilador e outros têm ar-condicionado, e os preços são variados. Não há muitos elementos de decoração, mas os quartos são limpos, e sua relação custo-benefício é muito boa.

181 E4 Calle Salvador Cucurullo 113-115 247 3122; fax 582 0811; hotelcolonial@codetel.net.do

Gran Almirante Hotel & Casino $$$

Situado num bairro rico, poucos quilômetros a nordeste do centro de Santiago, este hotel elegante é uma boa opção para quem pode arcar com seu preço. Tem três restaurantes, um cassino, quadras de tênis, academia, centro de negócios, piscina e um clube noturno bem animado. Seus 156 quartos são decorados com luxo e têm ar-condi-

cionado, banheira de água quente, frigobar e TV a cabo.
181 E4 Avenida Estrella Sadhalá 580 1992; fax 241 1492; www.hodelpa.com

Hodelpa Centro Plaza Hotel $$-$$$

Um dos maiores hotéis de Santiago de los Caballeros, este é um moderno edifício de seis andares no meio do agito e tem uma série de detalhes de luxo, como a pequena academia e o centro de massagens. São 86 quartos e suítes de tamanhos variados, todos com ricas cores nos carpetes e cortinas. O restaurante Alta Vista, situado na cobertura, permite apreciar vistas panorâmicas da cidade, e o hotel também oferece serviço de quarto até as 23h. A Tanari Disco Club fica aberta todas as noites e promove shows ao vivo às terças e às quintas.
181 E4 Calle Mella 54 581 7000; fax 582 4566; www.hodelpa.com

Onde... Comer e Beber

Preços
Preços prováveis por pessoa por uma refeição, sem bebida, gorjetas e taxas (26%)
$ menos de US$15 **$$** US$15 a US$25 **$$$** mais de US$25

CONSTANZA

Lorenzo's $-$$

Se você fizer a viagem agradável até Constanza (➤ 151-152), pode querer parar aqui para comer, e a melhor opção é o Lorenzo's. O ambiente não tem nada de especial, com a TV de sempre ligada, mas o lugar é limpo, tem serviço atencioso e cardápio variado, com pratos dominicanos e internacionais. As opções são sanduíches, massas, filés e especialidades dominicanas como o *mofongo* (➤ 24). Também há pratos exóticos como *guinea al vino* (galinha de angola no vinho) e *conejo al vino* (coelho ao vinho).
181 D3 Calle Luperón 83 539 2008 Diariam. 7h-23h

JARABACOA

El Rancho $$

Localizado ao norte de Jarabacoa, este excelente restaurante é dirigido pelos donos do Rancho Baiguate, que com certeza sabem muito bem o que funciona com turistas estrangeiros. O local é aberto, e as paredes internas mostram quadros muito bons de artistas dominicanos, alguns deles naturais da cidade. Há muitas opções aqui, como pizzas e massas, além de uma série de pratos de frutos do mar,
de frango e de carne, Os preços são razoáveis considerando a qualidade. O ambiente descontraído pode levá-lo a se permitir uma boa garrafa de vinho da ampla seleção, e você pode arrematar a refeição com um cappuccino ou um café expresso.
181 E3 Esquina das avenidas Independencia e Norberto Tiburcio Ter-dom café da manhã, almoço e jantar

SANTIAGO DE LOS CABALLEROS

Kukara Macara $$

Este bar e restaurante em estilo country tem boas opções de lanches e pratos principais, por isso vai bem na hora do almoço ou à noite. Há um cardápio variado de comida *tex-mex*, com burritos e tacos e mais sanduíches, com todos os acompanhamentos; se preferir, você pode pedir filés e pratos de carne, se estiver com muita fome. Venha tomar um drinque à noite – os coquetéis são uma especialidade da casa.

181 E4 Avenida Francia, Zona Monumental 241 3143; www.kukaramacara.com
Diariam. 8h-23h

Pez Dorado $$-$$$

Situado perto do centro de Santiago, este moderno restaurante serve comida dominicana de alta qualidade, além de pratos chineses bem razoáveis, como o arroz agridoce no vapor. Há muitos pratos de frutos do mar intrigantes, feitos com camarões, peixe, lulas e polvo, além de frango preparado com vários molhos saborosos. A carta de vinhos é bem extensa, com marcas locais e importadas, e – como é usual nos melhores restaurantes da República Dominicana – há uma boa variedade de coquetéis à base de rum.

181 E4 Calle del Sol 43
582 2518 Diariam. 12h-24h

BONAO

Típico Bonao $$-$$$

Na estrada que liga Santo Domingo a Santiago, o Típico Bonao, visto como versão dominicana dos restaurantes de estrada americanos, é um marco desde a década de 1960 e é comum grupos de moradores da capital se reunirem aqui para um rápido *pit stop* culinário antes de seguirem para as montanhas. Mas, além da localização, o Típico Bonao tem pouco em comum com restaurantes de estrada. A decoração é bonita, o serviço é educado e a comida deliciosa, com todas as especialidades dominicanas e alguns pratos internacionais, atraindo um fluxo constante de viajantes cansados da estrada. É uma ótima opção tanto para comer bem e relaxar, como para uma boa dose de cafeína antes de voltar à estrada. O café local servido aqui é forte e saboroso.

181 F3 Autopista Duarte, Km 83 248 7924
Diariam. manhã-noite

Onde... Comprar

Apesar de ser uma cidade grande, Santiago não oferece muitas oportunidades de compras. Para joias de âmbar e *larimar*, pinturas do Haiti ou dominicanas, é melhor procurar em Santo Domingo ou Puerto Plata. Mas a cidade tem um Mercado Modelo com suvenires baratos, e, como centro da indústria do tabaco na RD, Santiago também é um bom local para comprar os melhores charutos nas lojas de fábrica. Na pequena Jarabacoa, as opções são mais limitadas, mas um passeio pelos mercados locais pode revelar boas ofertas ou produtos fora do habitual.

SANTIAGO DE LOS CABALLEROS

Há muitas lojas em Santiago, mas quase todas vendem produtos para os moradores, que dificilmente irão interessar viajantes estrangeiros. Um lugar que oferece uma variedade de suvenires baratos, como conchas, chapéus de palha e camisetas, é o **Mercado Modelo**, localizado pouco mais de uma quadra a leste do Parque Duarte, no lado sul da Calle del Sol. Como ele fica bem perto das principais atrações do centro da cidade, vale a pena ir até lá conferir.

Santiago é o melhor lugar do país para comprar **charutos**, pois as principais fábricas estão sediadas aqui. Duas delas estão abertas ao público, e naturalmente colocam seus produtos à venda para os visitantes. No centro da cidade, o **Centro León**, na avenida 27 de Febrero, fornece informações sobre a compra de charutos produzidos pela mais antiga empresa de tabaco do país.

Onde... Se Divertir

Como segunda maior cidade do país e lar tradicional da *bachata*, Santiago tem uma vida noturna bem movimentada. As coisas são mais tranquilas nas montanhas de Jarabacoa, mas a casa noturna Vista del Yaque, a poucos quilômetros da cidade, atrai muita gente. Há muito para ver em Santiago, e os muitos esportes radicais de Jarabacoa irão manter você bem ocupado o dia inteiro.

ESPORTES DE AVENTURA E GOLFE

Muitas pessoas viajam dos grandes resorts do litoral norte e de outras partes do país até **Jarabacoa** só para participar de algum **esporte de aventura** (➤ 148). Aqui há também um bom **campo de golfe** de nove buracos aberto ao público, localizado ao norte da cidade, na estrada para Salto de Jimenoa (➤ 147).

VIDA NOTURNA

Santiago tem muitos bares e casas noturnas. Muitos dos **bares** mais agitados da cidade se concentram em volta do Monumento a los Héroes de la Restauración de la República, e vale a pena conferir o **Bar Code**, na Calle Cuba 25, e o **Talanca**, na esquina das ruas Restauración e Tolentino. Uma boa **casa noturna** é a **Tanari Disco Club**, no centro, no Hodelpa Centro Plaza Hotel, que lota nos fins de semana. O **Aliena**, na Calle 7, nº 23 (tel. 276 5565), tem jazz ao vivo toda segunda à noite. Há um **cassino** no Hodelpa Gran Almirante se você gosta de apostar. Para entretenimento de alto nível, confira a programação do **Centro Cultural**, na Calle del Sol (tel. 226 5222), onde há espetáculos de teatro e concertos regularmente.

O resto da área da Cordillera Central tem vida noturna bem mais tranquila. **Jarabacoa** tem alguns pontos noturnos em volta da Plaza Central, mas poucos espetáculos.

Se você estiver por aqui durante a temporada de beisebol (nov-fev), vá ver alguma das partidas realizadas quase toda noite no campo da Calle la Confluencia, não só pelo que ocorre no campo, mas pelo entusiasmo da torcida. O bilhar também é popular em Santiago, e os **salões de bilhar** da cidade são um ótimo lugar para uma cerveja e um bom papo. O **Billar Don Luis**, na Mario Galan, perto do parque, é uma boa opção.

FESTIVAIS

Cidade com quase 1 milhão de fãs de música e dança, **Santiago** é um dos melhores lugares para ir no **Carnaval**, quando os moradores se vestem com roupas bizarras e se reúnem em volta do monumento para cantar, dançar e criar uma farra geral. Os domingos de fevereiro são uma boa hora para vir para cá, e o auge da festa é no dia 27 de fevereiro, quando desfiles e músicos invadem as ruas para celebrar o **Dia da Independência** em grande estilo. Outra data importante é o 22 de julho, dia da *fiesta patronal*, ou **festa do padroeiro**, quando o apóstolo dá a todos a oportunidade de beber e dançar de novo nas ruas. **La Vega**, ao norte de Jarabacoa, também celebra o seu Carnaval, competindo com o de Santiago, e em **Monti Cristi** os desfiles incorporam um elemento raro, quando os participantes encenam jogos de bois e vaqueiros, e estes estalam seus longos chicotes.

Roteiros Imperdíveis

1 ZONA COLONIAL, SANTO DOMINGO

Caminhada

DISTÂNCIA 1,5km
TEMPO 2 horas
PONTO INICIAL/FINAL Parque Colón
185 D4

Esculturas de metal de algumas cabeças altamente expressivas, nos portões oeste da Catedral de Santa María la Menor

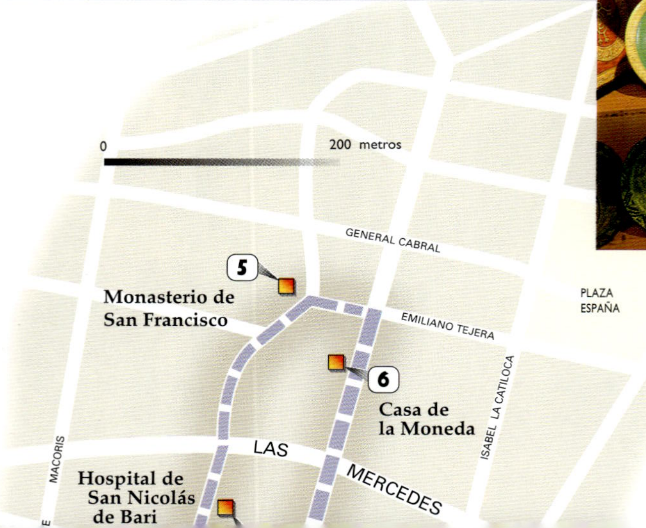

Fina cerâmica local exposta na Zona Colonial

Esta curta caminhada pelo bairro colonial de Santo Domingo dá uma boa ideia da época áurea da cidade e do espírito de seus moradores atuais. Depois de ver a primeira universidade e o primeiro hospital do Novo Mundo, e os restos de um mosteiro franciscano, a caminhada volta ao centro, passando por atraentes lojas.

1-2

Comece no Parque Colón, onde frondosas figueiras se erguem em cada esquina e a conversa corre solta nos cafés que transbordam para a praça. Saia da praça pela **esquina sudoeste**, indo para o sul pela **Calle Arzobispo Meriño**. Pare um pouco para admirar os expressivos rostos esculpidos no portão oeste da Catedral de Santa María la Menor. Essa vista da catedral e de seu campanário sem sombras é muito fotogênica e particularmente atraente à luz da tarde. Continue para o sul, passando pela Arzobispo Nouel, até o fim da próxima quadra, onde há uma pequena praça à esquerda, a **Plaza Padre Billini**. Ela homenage a o padre do século 17 que lutou pelos direitos dos pobres. Por ironia, hoje a praça é cheia de butiques chiques de roupas e de joias.

Em frente à praça, do outro lado da Calle Padre Billini, fica a **Casa Tostado**, um edifício reformado, do século 16, com uma arquitetura que combina os estilos gótico e mourisco. Seu nome é uma homenagem a Francisco Tostado, primeiro professor univer-

Faça Uma Pausa

Embora esta não seja uma caminhada cansativa, pode ser uma boa ideia esticar as pernas um pouco no pátio do **Museo de la Familia Dominicana**. Como opção, há alguns bancos mais adiante na Plaza Duarte, à sombra, para protegê-lo do sol forte.

Museo de la Familia Dominicana
✉ Casa Tostado, esquina da Padre Billini com Arzobispo Meriño ⌚ Seg-sáb 9h-16h
Barato

sitário nascido na colônia. A casa abriga o pouco visitado **Museo de la Familia Dominicana**, que é mobiliado no estilo de uma família dominicana rica do século 19.

2-3

Daqui, siga à esquerda pela **Calle Padre Billini** por uma quadra, passando pela Plaza Fray Bartolomé de las Casas, à esquerda, onde a estátua do monge que fez uma petição à Coroa da Espanha em defesa dos índios tainos ergue um punho das dobras de seu hábito. No final desta quadra há uma praça sombreada (Plaza Duarte) à direita, e o **Convento de los Dominicos** (➤ 56), que foi a primeira universidade das Américas, à esquerda (entrada pela Avenida Duarte). O convento abre para missa de manhã e à noite, e há belos murais nas paredes e na abóbada da Capela do Rosário (logo à direita da entrada).

Os muitos cafés do Parque Colón são um local excelente para sentar e relaxar

3-4

Da Calle Padre Billini, entre à direita na **Calle Hostos**, no Parque Duarte. Siga para o norte por duas quadras. Atravesse a Calle El Conde e suba a Hostos por uma quadra e meia. À sua direita estão as ruínas do **Hospital de San Nicolás de Bari** (➤ 56), o primeiro hospital das Américas.

4-5

Continue andando no sentido norte pela **Calle Hostos**. Depois de cruzar a Calle Las Mercedes, suba a pequena ladeira. No alto da rua, à esquerda, há uma atraente meia-lua de casas de madeira coloridas. No alto desta ladeira a rua faz uma curva à direita e aqui, à esquerda, há mais ruínas do século 16, desta vez do **Monasterio de San Francisco**. Quando foi construído, em 1544, a intenção era representar a grande força religiosa da Espanha, mas ao longo dos anos ele sofreu ataques das frotas de piratas sob o comando do corsário inglês Sir Francis Drake (➤ 17), assim como de frequentes terremotos. Tudo o que resta hoje são os alicerces e algumas poucas paredes, embora o silêncio que prevalece crie uma forte sensação de passado.

5-6

Volte até a Calle Hostos e entre na **Calle Emiliano Tejera**. Suba a curta ladeira até o cruzamento seguinte, com a Calle Arzobispo Meriño, e vire à direita nesta importante rua comercial. Conforme você segue para o sul, olhe para a sua direita e veja uma incrível fileira de rostos que talvez simbolizem as cinco idades do homem, acima da entrada do nº 358, a **Casa de la Moneda**. Depois disso você provavelmente irá se entreter com as cores vivas das mostras de quadros do Haiti e da República Dominicana e com outras bugigangas e suvenires, até se ver de volta ao **Parque Colón**, bem ao lado do restaurante El Conde, que tem comida muito boa e todo tipo de bebidas a preços razoáveis.

2 PENÍNSULA DE SAMANÁ

Passeio de Carro e Trilha a Cavalo

DISTÂNCIA 85km
TEMPO 6-7 horas (inclui 3 horas de trilha)
PONTO INICIAL/FINAL Las Terrenas
182 C4

A península de Samaná é cheia de belas paisagens, tanto no litoral como nas montanhas. Este passeio dá uma boa ideia da área rural, com paisagens sempre renovadas; e a trilha a cavalo até uma linda cachoeira na floresta acrescenta um toque de aventura ao passeio.

1-2

Saia de **Las Terrenas** (➤ 88-89) e siga para leste pela estrada até El Portillo. À esquerda, suaves ondas quebram sobre praias douradas ladeadas por palmeiras. Alguns quilômetros adiante a estrada vira para o interior, afastando-se do litoral, e passa pelo pequeno aeroporto de El Portillo, nada mais que um campo com uma pista de pouso, em frente ao Portillo Beach Resort, um dos poucos resorts do tipo *all-inclusive* da península. A estrada começa então a subir as montanhas, passando pela vila de La Barbacoa, com muita vegetação de ambos os lados. Ao chegar a **El Limón**, você verá vários locais anunciando **passeios a cavalo até o Salto El Limón** (cachoeira El Limón). Combine um passeio em algum desses locais, caso não tenha agendado antes em Las Terrenas (➤ 162). Estacione o carro e prepare-se para passar bons momentos.

2-3

A maioria das operadoras oferece passeios a cavalo de 2 a 3 horas até as cachoeiras, com uma refeição, por cerca de US$10. É barato, mas não inclui o pagamento do guia: US$2 é a gorjeta padrão. O guia conduz o cavalo enquanto você cavalga confortavelmente, identificando pelo caminho frutas tropicais como abacaxis, mangas e bananas. O trajeto atravessa rios rasos e sobe por estreitas trilhas da floresta (escorregadias depois da chuva) até um ponto de observação elevado, com vista

Pilhas de cascas de coco em uma clareira a oeste de Las Terrenas

A tranquilidade refrescante do salto El Limón

para o litoral norte, embaixo, e continua até um ponto onde é possível amarrar os cavalos, junto a uma pequena tenda que vende refrigerantes e lanches. Daqui vê-se a cachoeira de cima. A visão oposta é ainda melhor, só que o caminho é íngreme demais para cavalos, e é melhor fazer a pé a complicada descida de 15 minutos até a convidativa piscina ao pé da cachoeira.

A cachoeira tem 50m de altura e cai por uma face de rocha coberta de musgo; quase ninguém resiste a mergulhar na piscina que se forma na base depois da cansativa descida. Após refrescar-se e tirar algumas fotos, escale a montanha de volta, suba no cavalo e retorne a El Limón para almoçar. Depois continue na mesma direção pela estrada de Las Terrenas até **Samaná**, que fica a cerca de 20km por uma serra.

3-4

Com o nome oficial de **Santa Bárbara de Samaná**, este pequeno porto sempre atraiu marinheiros por sua localização protegida e sua vista da Bahía de Samaná. Hoje é um dinâmico ponto de embarque para **passeios de observação de baleias** pela baía (➤ 90-92) e para passeios de um dia até a ilha de **Cayo Levantado**. Este passeio é bom para relaxar as pernas andando pelo pequeno centro da cidade e para ver o mercado e La Churcha.

Quando quiser seguir adiante, pegue a Carretera 5, a oeste da cidade. Esta estrada vital se estende desde o vale do Cibao, perto de Santiago, pelo litoral norte, até **Las Galeras** (➤ 96), no extremo nordeste da península de Samaná. A estrada costuma ter bastante movimento, e, embora pareça correr junto à baía, temos apenas alguns vislumbres da água antes de chegar a **Sánchez**.

Trilha a Cavalo em Las Terrenas

É bom garantir seu passeio a cavalo até o Salto El Limón agendando-o com antecedência antes de sair de Las Terrenas.
Se você agendar em El Limón, a Casa Santi-Berca, logo ao sul do principal cruzamento, é uma boa sugestão. Tel. 452 9352

4-5

O porto pesqueiro de Sánchez é o ponto de partida para a maioria dos passeios até o **Parque Nacional Los Haïtises** (➤ 95), mas não há muitas atrações por aqui, por isso procure um desvio à direita para Las Terrenas, poucos quilômetros antes de alcançar a cidade. Agora começa a parte mais emocionante do passeio, quando esta estreita estrada rural sobe fazendo curvas por uma serra de cerca de 400m de altitude, passando por bonitas aldeias no caminho. Tome cuidado ao dirigir nesta estrada, que fica bem esburacada depois que chove. Fique atento na subida para alguns pontos em que é possível parar e apreciar o magnífico panorama da Bahía de Samaná e do Parque Nacional Los Haïtises – uma vasta extensão de verde e azul. Depois de atravessar a serra, há também uns poucos lugares para parar até chegar em Las Terrenas, com vistas do litoral norte da península e de três ilhas em forma de baleia junto à costa, por essa razão chamadas de Las Ballenas.

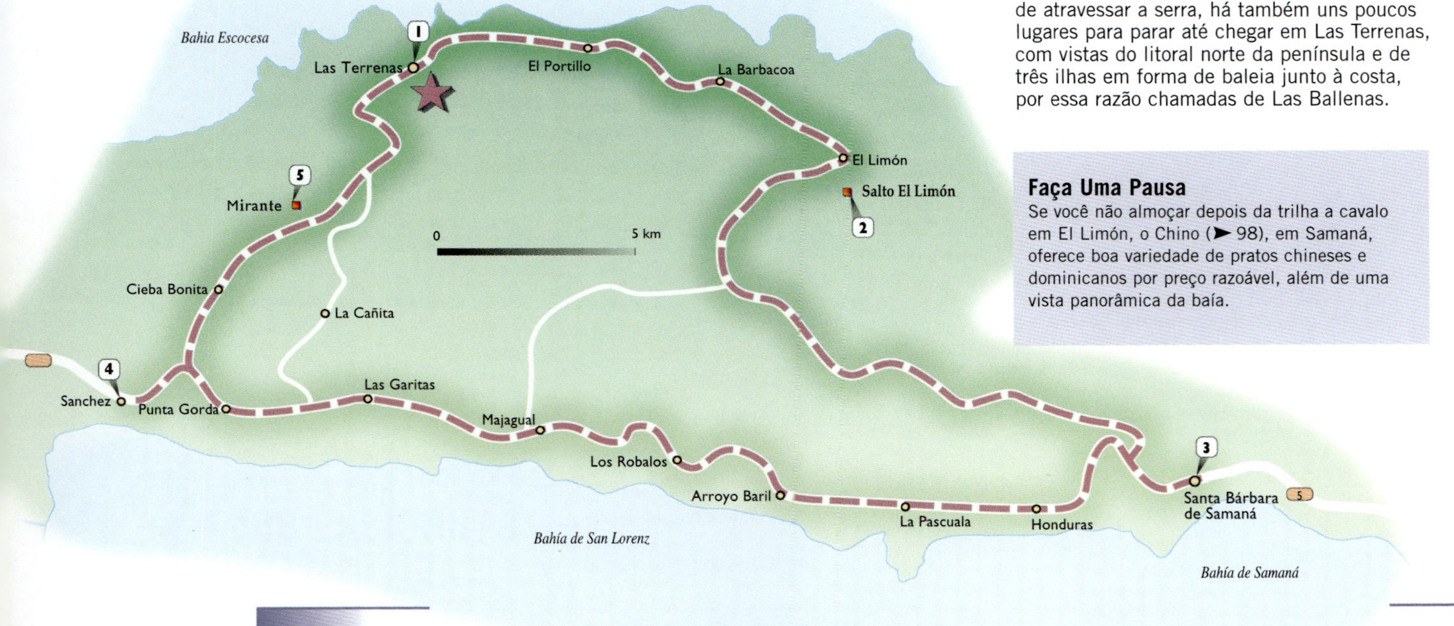

Faça Uma Pausa

Se você não almoçar depois da trilha a cavalo em El Limón, o Chino (➤ 98), em Samaná, oferece boa variedade de pratos chineses e dominicanos por preço razoável, além de uma vista panorâmica da baía.

3 CIRCUITO DO LAGO ENRIQUILLO

Passeio de Carro

DISTÂNCIA 200km
TEMPO 8 horas
PONTO INICIAL/FINAL Barahona
180 C1

Este passeio em volta do maior lago de água salgada do Caribe passa por terreno deserto, com longas fileiras de cactos à beira da estrada. Você pode dar de comer a iguanas mansos nas praias do lago e observar crocodilos e flamingos na Isla Cabritos (➤ 134), no centro. Para refrescar-se, dê um mergulho numa piscina de água mineral e conheça um pouco do Haiti na cidade de fronteira de Jimani.

Antes de Partir

Lembre-se de que, se você planeja visitar a **Isla Cabritos**, terá de sair bem cedo de Barahona ou pernoitar em acomodações básicas mas limpas na cidade vizinha de La Descubierta, pois os barcos costumam fazer o passeio de manhã.

No frágil píer perto de La Descubierta, pessoas aguardam os barcos que vão até Isla Cabritos

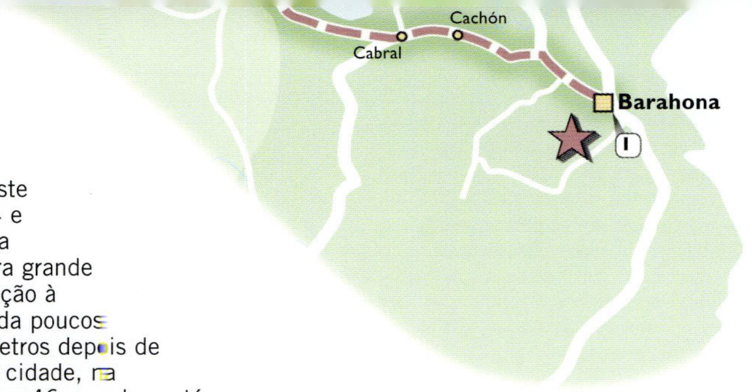

1-2

Saia de **Barahona** seguindo a noroeste pela Carretera 44 e pegue a primeira grande bifurcação à esquerda poucos quilômetros depois de sair da cidade, na Carretera 46, que leva até **Cabral**. Assim que a estrada se afasta do litoral, o terreno fica inóspito para os seres humanos – apenas terra seca, esturricada e arbustos espinhosos. A área é bem pouco povoada, mas as poucas vilas à beira da estrada alegram o trajeto com suas casas coloridas: as fachadas cor-de-rosa e limão, roxo, azul e pêssego mostram o gosto dos habitantes pela decoração. Depois de Cabral, você já pode ter vislumbres da **Laguna del Rincón**, à direita.

A mais ou menos 60km de Barahona a estrada chega a um cruzamento com uma grande **estátua** do cacique Enriquillo, em cuja homenagem o lago foi batizado, erguida sobre um pedestal no meio da pista.

2-3

Vire à direita na estátua de Enriquillo, junto à Carretera 46, e siga para o norte até **Neiba**. Embora o lago esteja perto, ele ainda fica fora do campo visual, a oeste da estrada.

Neiba, uma pequena cidade famosa pelo cultivo de uvas, abriga um movimentado mercado às quartas e aos sábados.

3-4

Em Neiba, vire à esquerda na **Carretera 48**, também conhecida como Carretera Enriquillo, e siga para oeste. As primeiras vistas do lago aparecem à sua esquerda logo depois de **Villa Jaragua**, e se o tempo estiver bom você terá também uma boa visão das montanhas da Sierra de Bahoruco, ao sul. O lago tem mais de 200km^2, água três vezes mais salgada que a do oceano, e fica cerca de 40m abaixo do nível do mar – o ponto mais baixo do Caribe. A maior parte da estrada é ladeada por cactos esparsos, e ela passa por pequenas vilas. Às vezes a estrada sobe um pouco, oferecendo mais vistas do lago a caminho da cidade de **Postrer Río**.

4-5

Poucos quilômetros depois de Postrer Río, à direita, fica **Las Caritas**, um dos mais famosos locais de **petróglifos tainos** do país, esculpidos na rocha coral que dá para o lago. Para poder apreciá-los bem, você terá de escalar as pedras durante alguns minutos,

Árvore especialmente adaptada à vida à beira do salgado lago Enriquillo

tomando cuidado para não se cortar nas arestas afiadas. Há uma bela vista do lago a partir daqui, e você pode também conseguir uma foto bem nítida destas inscrições sobre as pedras, que todos gostam de fotografar.

Um Herói Taino

Com poucas exceções, os contatos entre os espanhóis e a pacífica população local dos tainos consistiam simplesmente em genocídios, o que resultou na extinção dos índios durante a primeira parte do século 16. No entanto, o chefe indígena Enriquillo se recusou a trabalhar como escravo para os espanhóis e organizou seus seguidores num exército guerrilheiro muito eficiente, escondendo-se nas montanhas da Sierra de Bahoruco, ao sul do lago, e na Sierra de Nieba, ao norte. Na década de 1530, os espanhóis desistiram de seu esforço para capturá-lo e assinaram um tratado de paz, permitindo que Enriquillo e seus seguidores se instalassem na área.

O romance intitulado *Enriquillo*, escrito por Manuel Jesus de Galván no final do século 19, idealizava os feitos do chefe indígena e o elevou à condição de herói nacional. Atualmente, a maior parte dos dominicanos se orgulha de sua herança taina, embora pouco se saiba sobre essa cultura, pois os esforços da Espanha para exterminá-la foram muito radicais.

Logo depois de Las Caritas, vire à esquerda para chegar ao píer dos barcos para **Isla Cabritos** (➤ 134). Há um posto da guarda florestal aqui, onde você pode contratar barcos até a ilha para observar crocodilos e flamingos (ver quadro Antes de Partir ➤ 164). A temperatura aqui pode ser muito quente, mas numa área sombreada perto do posto há um *balneario* de água mineral cor turquesa, ideal para um mergulho refrescante. Há sempre imensos iguanas vagando por aqui, já habituados com os visitantes, e eles costumam se aproximar para conseguir algum petisco. Perto do frágil píer, os descorados galhos de árvores enterrados na areia da praia criam uma atmosfera sinistra. Daqui são apenas 5km até a cidade seguinte, **La Descubierta**.

Faça uma Pausa
Saboreie um prato dominicano típico como o *chivo guisado* (guisado de bode) por cerca de US$1 em uma das barracas de comida junto ao *balneario* de **La Descubierta**.

5-6
La Descubierta tem um belo grupo de carvalhos que protegem outra piscina natural de água mineral, o chamado **Balneario Las Barias**. Ele é particularmente popular entre os dominicanos pelas propriedades benéficas de suas águas sulfurosas, e nos fins de semana o local ganha um clima de férias. As pessoas fazem piqueniques, há ambulantes vendendo comida e bebida, e o som de merengue e *bachata* se faz ouvir. Continue na Carretera 48 em volta da praia oeste do lago até **Jimani**, a apenas 3km da fronteira com o Haiti.

6-7
Jimani é um dos principais pontos de cruzamento de fronteira entre a RD e o Haiti, aberto também a estrangeiros, e pode ser interessante dar uma volta pela cidade e ver a constante atividade – a maior parte dela furtiva e voltada, ao que parece, para o contrabando. Entre os dois países há uma terra de ninguém, onde bancas vendem sapatos usados, óleo de cozinha e artigos domésticos. Em uma montanha depois da cidade, um fosso delimita a fronteira. A cidade em si é um local degradado, e já falta pouco para você completar o circuito do lago Enriquillo, pelo lado sul, pela Carretera 46.

Há poucas vistas do lago a partir deste lado, e tudo em volta parece deserto, exceto pela laguna Limón, um grande lago de água doce à direita, a cerca de 20km de Jimani. Logo depois deste lago, uma ramificação à direita leva até a vila La Florida e depois até o Parque Nacional Sierra de Bahoruco (➤ 134). Mas, para voltar para Barahona, continue a leste pela Carretera 46, passando de novo pela estátua de Enriquillo ao fazer o caminho de volta até a cidade.

Iguanas imensos e mansos sempre rondam os visitantes esperando ganhar algum petisco

4 CORDILLERA CENTRAL

Passeio de Carro

DISTÂNCIA 48km
TEMPO 2-3 horas
PONTO INICIAL Jarabacoa 181 E3
PONTO FINAL Constanza 181 D2

Para ter uma ideia do exuberante cenário da Cordillera Central e um vislumbre de como vivem os dominicanos do planalto, faça este passeio curto mas intenso de Jarabacoa até Constanza. Você vai precisar de um veículo 4x4, particularmente se for durante a estação chuvosa (maio-setembro), quando a estrada de terra pode virar uma lama. O trajeto sobe de Jarabacoa, a 500m, até Constanza, a 1.300m, passando perto de cachoeiras, junto a encostas com fantásticas vistas e por pequenas vilas. Os últimos 21km até Constanza são de estrada asfaltada.

1-2

Comece o passeio no **Parque Central**, em Jarabacoa. Siga na direção leste ao sair da cidade pela Calle del Carmen (**Carretera 28**), que corre pelo lado sul da praça. Quando estiver a 3km do centro da cidade, pegue uma entrada à direita, sinalizada, que depois de uns 3km de terra esburacada dá em **Salto de Baiguate** (➤ 147), uma pequena e atraente **cachoeira**. Para visitar a cachoeira, pare na área de estacionamento e ande 10 minutos por um agradável caminho ladeado de densa vegetação. Costuma haver um grupo de jovens dominicanos brincando na piscina rasa que se forma em sua base.

2-3

A **Carretera 28** é asfaltada nos primeiros quilômetros a partir de Jarabacoa, mas logo se deteriora e vira uma estrada de terra esburacada, que segue pelas montanhas no sentido sul até Constanza. Cerca de 7km depois de Jarabacoa, a estrada passa por uma vila sem nome. Logo depois dela, à direita, há uma fileira de cabanas, e uma delas é um *comedor* (restaurante simples). Se quiser visitar a cachoeira mais espetacular da região, o **Salto de Jimenoa Uno** (➤ 148), estacione e desça a trilha em frente às cabanas. Ela logo vira uma passagem íngreme e estreita, que leva por imensas pedras até a base da cachoeira, tão poderosa que projeta gotículas de água da sua piscina, formando um arco-íris. Se o lugar lhe parecer familiar, é porque você assistiu ao filme ***Parque dos dinossauros***. Cuidado para não escorregar ao voltar para o carro, principalmente se tiver chovido.

3-4

Depois do desvio para a cachoeira, a estrada rústica continua subindo, passando por pequenos conjuntos de casas coloridas e por agricultores em seus afazeres diários. Como a estrada é ruim, melhor dirigir devagar, mas a vista é tão bonita que não há por que ter pressa. Além disso, há sempre gente andando a cavalo. Em diversos trechos, a estrada segue por encostas que oferecem vistas magníficas da área rural, com pinheiros que

Uma das muitas vistas magníficas da estrada para La Ermita

Faça Uma Pausa Existem vários restaurantes pequenos em Constanza, e o **Lorenzo's** (➤ 154) oferece uma boa seleção de pratos dominicanos e da cozinha internacional.

seriam mais próprios de latitudes mais setentrionais. A estrada então sobe até uma pequena capela, **La Ermita**, no alto de uma montanha, onde há velas à venda para quem desejar rezar para ter uma viagem segura.

4-5

Depois de La Ermita, a estrada continua suas curvas para o sul, até o entroncamento com a **Carretera 12** na vila de **El Río**. Vire à direita aqui e entre em uma estrada asfaltada, que sai da Carretera 1, logo ao norte de Bonao, para Constanza. Daqui em diante a viagem é mais fácil, mas ainda pode haver um buraco ou outro na estrada. Continue nesta estrada por mais 21km, e, ao chegar ao vale onde fica a cidade de **Constanza**, você irá passar por campos férteis onde se cultiva todo tipo de hortifrútis e flores. Hospede-se em algum pequeno hotel como o Cabañas de la Montaña para pernoitar. Você ainda terá tempo para um passeio pela pequena cidade e por seus pitorescos arredores.

Travessia do rio Yaque del Norte a cavalo

Escalada do Pico Duarte

Se você procura um verdadeiro desafio nestas terras altas, pode se tornar uma das 3 mil pessoas que todo ano sobem até o ponto mais alto do Caribe – o pico Duarte, com 3.087m de altitude. A trilha leva pelo menos três dias, e você tem de fazê-la em um dos passeios organizados por operadoras de turismo locais, como a Turinter e a Iguana Mama (➤ 34).
Há vários trajetos até o alto da montanha, mas o mais popular é o que sai de La Ciénaga, uma pequena vila a oeste de Jarabacoa, no rio Yaque del Norte.

Quando Ir

As trilhas até o pico ficam abertas o ano todo, mas o tempo é mais claro de dezembro a março.

O que Levar

- Calçados resistentes para trilhas, roupa quente (faz muito frio à noite!), capa de chuva, um bastão, lanterna e kit de primeiros socorros. Seu guia levará comida e água.
- Uma boa ideia é levar além do guia, também uma mula – você vai carregar menos peso e aproveitar melhor a caminhada, e, se suas pernas não aguentarem mais, a mula será uma bênção.

Informações Úteis

INFORMAÇÕES ANTECIPADAS

www.webdominicana.com
www.dr1.com
www.dominicanrepublic.com
www.hispaniola.com
www.dominican-rep.com
www.republicadominicana.tur.br

ANTES DE VIAJAR

DO QUE VOCÊ PRECISA

● Exigido
○ Sugerido
▲ Opcional
△ Não se aplica

Passaporte (válido por 6 meses)	●
Cartão de Turista (US$10 pagáveis na chegada, para 15 dias)	●
Passagem de volta ou de prosseguimento de viagem	○
Vacinas	○
Documentação de saúde	○
Seguro de viagem	○
Carteira de habilitação nacional/internacional	●
Seguro do carro	○

QUANDO IR

Temperaturas em Santo Domingo

Alta temporada — Baixa temporada

JAN	FEV	MAR	ABR	MAI	JUN	JUL	AGO	SET	OUT	NOV	DEZ
25°C	25°C	25°C	25°C	25°C	28°C	28°C	28°C	28°C	28°C	25°C	26°C

Ensolarado — Nublado — Chuvoso — Ensolarado com pancadas de chuva

A República Dominicana é abençoada com um clima que faz dela um destino atraente em qualquer época do ano, embora a maioria dos turistas estrangeiros venha entre **dezembro e abril** para escapar do inverno da Europa, do Canadá e dos EUA. A estação chuvosa vai de **maio a outubro**, mas isso se inverte no **litoral norte**, onde é mais provável que chova entre **outubro e maio**. A chuva raramente é constante e costuma limitar-se a uma breve pancada, depois do que o céu fica límpido outra vez. De maio a outubro os preços dos hotéis são mais baratos e há menos visitantes. As **altas altitudes** da **Cordillera Central** trazem temperaturas mais baixas à noite de **novembro a fevereiro**, embora o céu costume ficar claro durante o dia. A chuva pode ser mais persistente aqui do que em outras regiões de **maio a outubro**. **Furacões** são raros e em geral não são muito destrutivos, mas podem ocorrer a qualquer hora entre julho e outubro.

COMPANHIAS AÉREAS

American Airlines
www.aa.com
Avianca
www.avianca.com
Copa Airlines
www.copaair.com
TACA
www.taca.com
TAM
www.tam.com.br
Continental Airlines
www.continental.com
Delta Airlines
www.delta.com

COMO CHEGAR

Há **voos diários** do Brasil para a República Dominicana. A TAM tem uma rota que parte do Rio de Janeiro com destino a Santo Domingo e faz conexão em Miami com um voo da American Airlines. A Delta e a Continental voam até Santo Domingo a partir do Rio de Janeiro e de São Paulo, com escala em diversas cidades americanas, entre as quais Houston e Atlanta. A Copa Airlines faz escala na cidade do Panamá, e seus vôos partem de São Paulo ou de Manaus. Na American Airlines, os passageiros fazem escala em Dallas ou Nova York. A companhia tem ainda voos de São Paulo para Punta Cana com escala em Dallas ou Miami.

A esmagadora maioria dos turistas estrangeiros que chegam à República Dominicana compra pacotes de férias para ficar nos grandes resorts à beira-mar, que em em geral funcionam no sistema *all-inclusive*. As seguintes operadoras, entre outras, comercializam pacotes que incluem no mínimo estadia e passagem aérea:

www.apextravel.com.br
www.beeline.com.br
www.ci.com.br
www.cvc.com.br
www.nascimento.com.br
www.pisa.tur.br
www.takstour.com.br

FUSO HORÁRIO

A República Dominicana está localizada na Eastern Standard Time Zone (a mesma zona da cidade de Nova York) e está 1 hora atrás de Brasília, mas não tem horário de verão.

MOEDA E CÂMBIO

Moeda A unidade básica de moeda na RD é o peso (RD$). As **notas** vêm em valores de 2.000, 1.000, 500, 100, 50, 20, 10 e 5 pesos. Existe também a moeda de 1 peso. Cada peso é dividido em 100 centavos, e existem **moedas** de 50, 25, 10 e 5 centavos, embora não sejam comuns. Os dólares americanos são amplamente aceitos, e muitos hotéis fornecem seus preços em dólar e aceitam pagamento nesta moeda. Neste guia os preços de hotéis e restaurantes são cotados em dólares americanos.

Cartões de Crédito são amplamente aceitos em toda a República Dominicana, e os caixas eletrônicos são comuns nos centros turísticos. Para evitar problemas, nunca deixe seu cartão de crédito fora do alcance de sua vista.

Câmbio Dinheiro vivo e traveler's checks podem ser trocados em bancos e nas *casas de cambio*, mas dificilmente eles trocam outra moeda que não seja o dólar americano.

DIFERENÇAS DE FUSO HORÁRIO

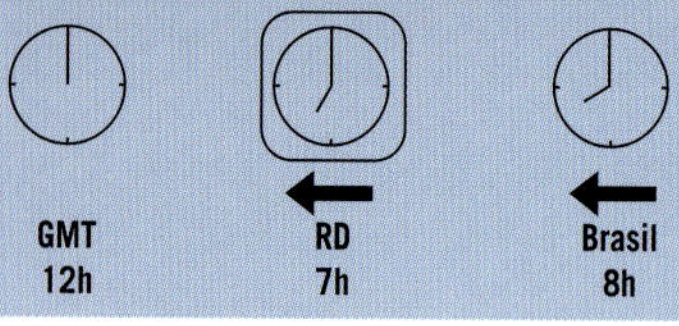

QUANDO ESTIVER LÁ

TAMANHOS DE ROUPA

Brasil	RD	
46	36	Ternos
-	38	Ternos
48	40	Ternos
-	42	Ternos
50	44	Ternos
52	46	Ternos
40	7.5	Sapatos
41	8	Sapatos
42	8.5	Sapatos
43	9.5	Sapatos
44	10.5	Sapatos
45	11.5	Sapatos
36	14.5	Camisas
37	15	Camisas
39	15.5	Camisas
40	16	Camisas
41	16.5	Camisas
42	17	Camisas
40	6	Vestidos
42	8	Vestidos
44	10	Vestidos
46	12	Vestidos
48	14	Vestidos
50	16	Vestidos
37	6	Sapatos
37	6.5	Sapatos
-	7	Sapatos
-	7.5	Sapatos
38	8	Sapatos
-	8.5	Sapatos

FERIADOS

1º jan	Ano-Novo
21 jan	Dia de Nossa Senhora de Altagracia
26 jan*	Dia de Duarte
27 fev	Dia da Independência
Mar/abr†	Semana Santa
1 mai*	Dia do Trabalho
Mai/jun†	Corpus Christi
16 ago*	Dia da Restauração
24 set	Dia de Nossa Senhora das Mercês
6 nov*	Dia da Constituição
25 dez	Natal

* = celebrado na segunda-feira mais próxima dessa data.
† = data variável

HORÁRIOS DE FUNCIONAMENTO

Lojas
Escritórios
Bancos
Agências de correio
Atrações/Museus
Farmácias

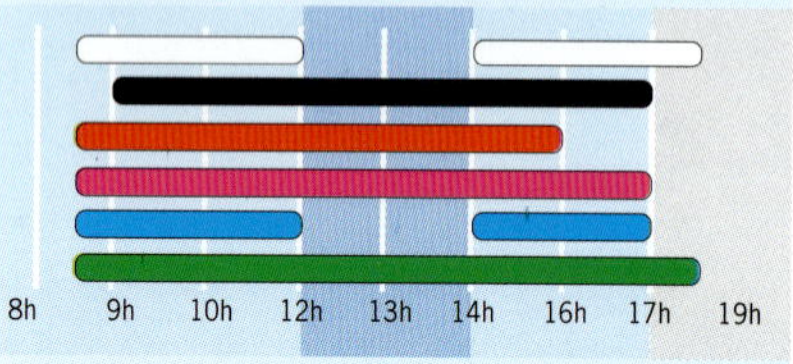

Manhã Meio-dia Noite

Lojas Muitas lojas de suvernires e de presentes das áreas turísticas ficam abertas até 22h ou 23h e abrem também nos fins de semana. As lojas para turistas têm maior probabilidade de ficar abertas na hora do almoço.
Igrejas As missas geralmente são rezadas aos domingos de manhã e à noite. Fora desse horário, muitas igrejas ficam fechadas.
Museus O expediente dos museus varia conforme o lugar. Lembre-se de que muitos museus não permitem mais a entrada de visitantes quando falta meia hora para fechar.

EMERGÊNCIA 911

POLÍCIA 911

BOMBEIROS 911

AMBULÂNCIA 911

SEGURANÇA PESSOAL

- A RD em geral é segura para os turistas, mas a inflação crescente tem provocado greves nacionais e violentos confrontos entre manifestantes e a polícia, por isso procure se informar sobre os últimos acontecimentos na imprensa.
- As mulheres estão sujeitas à abordagem masculina. Ignorar costuma ser a melhor política.
- Para os casos de crimes contra turistas, há uma polícia turística especial, a *Politur*. Ligue 200 3500 (em toda a RD), 686 8639 (em Santo Domingo) ou 320 0365 (em Puerto Plata).

Emergência:
911 de qualquer telefone

TELEFONES

Há várias empresas privadas de telefonia na RD. A Codetel é a mais eficiente, com lojas na maioria das cidades, que abrem das 8h às 22h. As tarifas das ligações internacionais são razoáveis. Paga-se com dinheiro ou cartão depois de concluída a ligação. Muitas dessas lojas oferecem serviços de internet e fax. Nos hotéis, as tarifas custam o dobro ou o triplo do valor cobrado pela Codetel.

Ligações entro da República Dominicana
O código de todas as localidades é 809.

Códigos Internacionais
Disque 00 seguido de:
Brasil: 55
EUA/Canadá: 1
RU: 44
Espanha: 34
Alemanha: 49

CORREIOS

O correio é incrivelmente lento e pouco confiável – um postal demora pelo menos três semanas para chegar à América do Norte e mais de um mês para chegar à Europa. Todas as cidades têm agências de correio e nas maiores há um serviço de entrega especial.

ELETRICIDADE

A voltagem na RD é de 110 volts/60 ciclos, por isso os turistas brasileiros não precisam de adaptador. São frequentes os cortes de fornecimento de energia elétrica em todo o país, mas os grandes hotéis e resorts têm gerador próprio.

GORJETAS

As contas de hotéis e restaurantes incluem 10% de taxa de serviço, mas não se sabe se o valor é repassado aos funcionários; por isso, se ficou satisfeito com o serviço, é uma boa ideia deixar uma pequena gorjeta.

Restaurantes	10%
Serviço de bar	Deixe o troco
Táxis	Deixe o troco
Carrregadores	US$1
Arrumadeiras	US$1 por dia
Guias turísticos	US$2-5

EMBAIXADAS E CONSULADOS

Embaixada do Brasil em Santo Domingo
Calle Eduardo Vicioso, 46-A Esq. W. Churchill - Ens. Bella Vista – Santo Domingo ☎ (809) 532 0868; www.embajadadebrasil.org.do

Embaixada da República Dominicana no Brasil
SHIS QL 6, conj. 7, casa 2, Lago Sul Brasília, DF ☎ (061) 3248-1405

Consulado-geral em São Paulo:
Al. Jaú, 1.742, 9° andar, sala 91, Cerqueira César, São Paulo, SP ☎ (011) 3898-1120; www.dominicanasaopaulo.com.br

SAÚDE

Seguro É uma boa ideia fazer um seguro de saúde para viagem se você não tiver cobertura no exterior, mas verifique com atenção as condições se tiver intenção de praticar esportes como mergulho ou rafting, pois muitas apólices excluem a cobertura de acidentes decorrentes de tais atividades.

Serviços odontológicos Se precisar de tratamento dentário de emergência enquanto estiver na RD, peça à recepcionista de seu hotel para lhe idicar a clínica dentária confiável mais próxima.

Tempo O sol do Caribe é extremamente forte, por isso é sensato evitar a exposição entre as 10h e as 15h. Você também pode ganhar um bom bronzeado de manhã cedo e ao entardecer, mas use muito filtro solar, chapéu de sol e óculos escuros ao circular.

Remédios As farmácias são fáceis de encontrar e geralmente têm bom estoque de remédios, mas, se você estiver se medicando na época de sua visita, é bom trazer estoque suficiente de casa, para o caso de não encontrar seu remédio aqui.

Água A água de torneira da RD **não é segura** para beber, por isso garanta sempre um suprimento de água mineral, que é barata e fácil de encontrar. O gelo dos grandes hotéis e resorts é seguro de consumir, mas é bom evitá-lo em restaurantes e cafés locais baratos.

DESCONTOS

Estudantes/jovens Estudantes que viajam com um cartão internacional têm direito a descontos em locais como museus. De qualquer forma, os ingressos nesses locais são geralmente baratos.

Idosos Não há descontos especiais para idosos, embora haja muitos que voltam ano após ano, especialmente nos grandes resorts.

NECESSIDADES ESPECIAIS

Muitos resorts e hotéis têm acesso para cadeira de rodas em alguns quartos e na maioria das instalações; verifique com atenção antes de reservar. Infelizmente, não há boa infraestrutura para viajantes com necessidades especiais na RD, embora alguns monumentos tenham rampas de acesso.

CRIANÇAS

Os dominicanos adoram crianças e com frequência se dirigem a elas espontaneamente. Os grandes resorts têm gente especializada em cuidar de crianças, além de muitas atividades para elas, o que torna esse tipo de férias muito popular entre famílias.

BANHEIROS PÚBLICOS

São raros os banheiros públicos na RD, e geralmente os que existem não são mantidos limpos. Se possível, use os banheiros de restaurantes e bares. Não jogue papel higiênico na privada para não entupir o encanamento.

ALFÂNDEGA

Importar suvenires feitos de espécies animais raras ou em risco de extinção pode ser ilegal ou exigir uma autorização especial. Antes de comprar, verifique as normas da alfândega de seu país de origem.

SAUDAÇÕES E PALAVRAS COMUNS

Sim/Não **Sí/no**
Por favor **Por favor**
Obrigado **Gracias**
De nada **De nada**
Olá **Hola**
Adeus **Adiós**
Bom dia **Buenos días**
Boa tarde **Buenas tardes**
Boa noite **Buenas noches**
Como vai? **¿Qué tal?**
Bem, obrigado **Bien, gracias**
Quanto custa isto? **¿Cuánto vale?**
Desculpe **Lo siento**
Perdão **Perdón**
Gostaria **Me gustaría**
Aberto **Abierto**
Fechado **Cerrado**
Meu nome é... **Me llamo...**
Qual seu nome? **¿Cómo se llama?**
Prazer em conhecê-lo **Mucho gusto**
O prazer é meu **El gusto es mío**
Sou da/do... **Soy de...**
Brasil **Brasil**
Portugal **Portugal**
Angola **Angola**
Moçambique **Moçambique**
Cabo Verde **Cabo Verde**

HOTÉIS

Vocês têm quarto de solteiro/casal? **¿Le queda alguna habitación individual/doble?**
com/sem banheiro/privada/chuveiro **con/sin baño propio/lavabo propio/ducha propia**
O café da manhã está incluído? **¿Incluye desayuno?**
Posso ver o quarto? **¿Puedo ver la habitación?**
Vou ficar com o quarto **Me quedo con esta habitación**
A chave do quarto..., por favor
La llave de la habitación..., por favor
Obrigado pela hospitalidade **Muchas gracias por la hospitalidad**

DIAS

Hoje **Hoy**
Amanhã **Mañana**
Ontem **Ayer**
Segunda **Lunes**
Terça **Martes**
Quarta **Miércoles**
Quinta **Jueves**
Sexta **Viernes**
Sábado **Sábado**
Domingo **Domingo**

ORIENTAÇÕES

Eu me perdi **Me he perdido**
Onde está...? **¿Dónde está?**

Como eu chego...? **¿Cómo se va...?**
ao banco **al banco**
aos correios **a la oficina de correos**
à estação de trem **a la estación de trenes**

Onde fica o banheiro? **¿Dónde están los servicios?**
À esquerda **a la izquierda**
À direita **a la derecha**
Em frente **todo recto**
Na esquina **en la esquina**
No semáforo **en el semáforo**
No cruzamento **en la intersección**
Aeroporto **Aeropuerto**
Barco **Barco**
Ônibus **Autobus**
Estação **Estación/terminal**
Carro **Automóvil**
Igreja **Iglesia**
Embaixada **Embajada**
Hospital **Hospital**
Mercado **Mercado**
Museu **Museo**
Rua **Calle**
Ponto de táxi **Parada de taxi**
Passagem **Boleto**

NÚMEROS

0 **cero**
1 **uno**
2 **dos**
3 **tres**
4 **cuatro**
5 **cinco**
6 **seis**
7 **siete**
8 **ocho**
9 **nueve**
10 **diez**
11 **once**
12 **doce**
13 **trece**
14 **catorce**
15 **quince**
16 **dieciséis**
17 **diecisiete**
18 **dieciocho**
19 **diecinueve**
20 **veinte**
21 **veintiuno**
30 **treinta**
40 **cuarenta**
50 **cincuenta**
60 **sesenta**
70 **setenta**
80 **ochenta**
90 **noventa**
100 **cien**
200 **doscientos**
300 **trescientos**
400 **cuatrocientos**
500 **quinientos**
600 **seiscientos**
700 **setecientos**
800 **ochocientos**
900 **novecientos**
1000 **mil**

RESTAURANTES

Gostaria de reservar uma mesa **Me gustaría reservar una mesa**
Uma mesa para **Una mesa para**
Têm mesa para dois, por favor? **¿Tienen una mesa para dos personas, por favor?**
Podemos ver o cardápio, por favor? **¿Nos podría traer la carta, por favor?**
A conta, por favor **La cuenta, por favor**
serviço incluído **servicio incluido**

café da manhã **el desayuno**
almoço **el almuerzo**
jantar **la cena**
uma mesa **una mesa**
garçom/garçonete **camarero/camarera**
entradas **los entremeses**
prato principal **el plato principal**
sobremesa **postres**
prato do dia **plato del dia**
a conta **la cuenta**

CARDÁPIO

al carbon na brasa
al horno ao forno
al mojo de ajo ao molho de alho
al vapor no vapor
aceituna azeitona
agua água
aguacate abacate
ajo alho
arroz arroz
asado assado
atún atum
azúcar açúcar
bandera dominicana feijão e arroz, em geral servidos com frango, banana ou guisado de porco
batida batida
bebida bebida
bien hecha bem passada
bistec filé
bocadillo sanduíche
boniato batata-doce
café café
caldo caldo
camarones camarões
cangrejo caranguejo
carne carne
cebolla cebola
cerdo leitão
cerveza cerveja
champiñones cogumelos
chivo guisado guisado de bode
chorizo chouriço
chuleta bisteca
cocido cozido
cocina cozinha
coco coco
condimentado(a) condimentado(a)
cordero cordeiro
cortado(a) en cubos em cubos
crudo cru
dulce doce
ejotes vagem
empanado(a) empanado(a)
en escabeche marinado
ensalada salada
entremés hors d'oeuvre
especialidades de la casa especialidades da casa
especialidades locales especialidades locais
fideos espaguete
filete filé
fricasé fricassê
frijoles feijão
fritas fritas
frito frito
fruta fruta
gaseosas refrigerantes, água com gás
guayaba goiaba
hamburguesa hambúrguer
helado sorvete
hervido fervido
hielo gelo
huevo ovo
huevos fritos/revueltos ovos fritos/mexidos
jamón presunto
jugo de fruta suco de fruta
langosta lagosta
leche leite
lechuga alface
legumbres legumes
limón limão
maíz milho
malanga cará
mantequilla manteiga
manzana maçã
mariscos mariscos
mermelada geleia
mofongo prato com banana, torresmo e alho
mondongo cozido de tripa e miúdos
mortadela mortadela
naranja laranja
pan pão
papas batatas
pepino pepino
pescado peixe
picadillo picadinho
pimienta pimenta
piña abacaxi
plátano banana
pollo frango
puerco porco
puré purê
queso queijo
res carne bovina
ron rum
rosbif rosbife
sal sal
salchicha salsicha
salsa molho
sopa sopa
tasajo carne-seca
té chá
ternera vitela
tocino bacon
tomate tomate
tortilla omelete
tostada torrada
tostones banana frita
vegetariano vegetariano
vino vinho
zanahoria cenoura

SE PRECISAR DE AJUDA

Socorro! **¡Socorro!/ ¡Ayuda!**
Poderia me ajudar, por favor? **¿Podría ayudarme, por favor?**
Fala português? **¿Habla portugués?**
Não entendo **No comprendo**
Não falo espanhol **No hablo español**
Poderia chamar um médico, por favor? **¿Podría llamar a un médico, por favor?**

Mapas

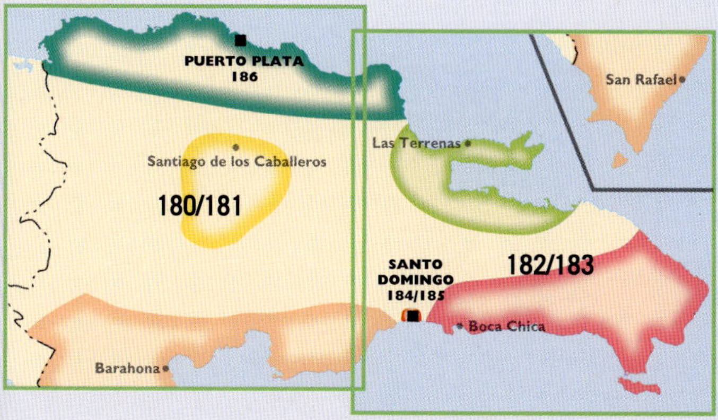

Mapas Regionais

0 10 20 km

- Fronteira internacional
- Rodovia
- Estrada principal
- Outras estradas
- Número da estrada
- Cidade principal
- Cidade grande
- Cidade pequena
- Local de interesse
- Aeroporto

Mapas das cidades

Santo Domingo 0 200 400 600 800 1000 metros

Puerto Plata 0 200 400 1000 metros

- Rua principal
- Outras ruas
- Edifício importante
- Parque / Jardim
- Local de interesse resenhado

A
B
C
5
4
3
2
1
Bahía de Icaquitos
Bahía Monte Cristi
Monte Cristi
Gran Mangle
La Costa Buen Hombre
Cayo Paraíso
Parque Nacional La Isabela
Dieguito
El Manantial
Jaiquí
La Cañada
Laguna Verde
El Vijiador
El Charcazo
Higuerito
Estero Balsa
Punta Rucia
Laguna G
La Isabela
El Papayo
Jaiba
El Ahogado
Villa García
Villa Vásquez
La Sierrecita
Gualete
Agua de Luis
Arroyo Caña
Bahía Manzanillo
Los Conucos
Manzanillo
Río Chacuey
Casteñuelas
Villa Sinda
Hato del Medio Abajo
Villa Elisa
La Caya
Sanita
Las Matas de Santa Cruz
Copey
Colonia Carbonera
Santa Mariá
Carnero
Guayubín
Cerro Gordo Abajo
Hatillo Palma
Cruce Guayacanes
Cayucal
R. Yaque del Norte
Palo Blanco
Colonia Los Japoneses
Escalante
Cabeza de Toro
Caña Chepetón
Piloto
Pueblo Nuevo
Sabana Larga
211m
Esperón
Dajabón
Los Arroyos
Chacuey
Zamba
Mao
Río Caña a Chapetón
Aminilla
Los Indios
Partido
Santiago De Rodriguez
Los Compos
Sabaneta
Los Quemados
Martínez
Los Ingenitos
Cacique
Arroyo Blanco
Cruce de Maguana
Moncíon
El Pino
Capotillo
El Cajuil
Los Almacigos
Río Mao
Corrocito
El Rubio
La Guama
La Jagua
Aho de la Paloma
El Resbaloso
Jicomé
Vara de Vaca
Trinitaria
Carrizal
El Vallecito
Los Ramones
Boca De Verida
El Aguacate
Restauración
Loma Bajita
Las Rosas
Lomita de la Cidra
Mayonal
Villa Anacaona
Colonia Río Limpio
Los Algodones
1991m
Francisco José
Palo deViento
2047m
Rancho en Medio
La Sierrecita
Río Libón
Río Joca
Valentin
Honda Valle
2726m
2314m
Pedro Santana
El Pomito
La Ceiba
R. Tocino
Sabana Cruz
Jaquime
San Pedro
El Palital
Sabana Mula
1789m
2027m
Arroyo Límon
Higüerito
Los Ladrillos
Río San Juan
El Guayabo
Alto de la Copeyes
Sabaneta
Los Rinconcitos
La Jagüita
Yabonico
Hato Nuevo
2562m
R. Yabonico
La Maguana
La Piedra
Los Amargos
Asiento Luisa
Matayaya
Elias Piña
Las Matas de Fartán
Punta Cana
Jinova
San Rafael del Llano
Pedro Corta
La Urca
Las Lagunas
Barranca
San Juan
La Zanja
Las Charcas de Mariá Nova
La Rancha
La Loma del Yaque
Los Mesas
Arroyo Seco
Rosario
Sabana Alta
El Cercado
Hondo Valle
Río Caña
Juan Santiago
Cardón
Aniceto Martínez
El Azul
Los Bancos
2177m
Derrumbadero
Batista
Angel Felix
Vallejuelo
El Capa
La Canafistola
2280m
Los Guineos
910m
Los Pinos
Guyabal
Apolinar Perdomo
Cabeza de Toro
La Descubierta
Rancho Marco
Hato Nuevo
Boca Cachón
Bartolomé
Postrer Río
El Granado
941m
Los Ríos
Clavellina
Guanarate
Hato Nuevo
Isla Cabritos
Villa Jaragua
Galván
Las Tejas
El Rodeo
Neiba
El Salado
Lago Enriquillo
El Limón
Laguna en Medio
Canal Cristóbal
Fondo Negro
El Palmar
Arroyo Grande
Laguna Limón
Baitoa
Monserrate
Vicente Noble
Duvergé
Palmar Dulce
El Abanico
Mella
El Jobo
Canoa
El Aguacate
Bermesi
El Can
Angostura
Los Jaquimeyes
Laguna de Rincón
Fundación
Parque Nacional Sierra de Bahoruco
2368m
La Salina
Lemta
Cabral
Cachón
Los Arroyos
Boca Naranjo
Barahona
2385m
La Altagracia

D
E
F
Las Paredes
La Rusia
Candelón
Luperón
Calabacitos
Guzmancito
Bahía Maimón
La Sabana Abajo
Grande
Las Cruces
El Toro
El Estrecho
Sabaneta de Cangrejos
Caliche
El Higo
Las Canas
Vuelta Larga
Puerto Plata
Cabarete
Saballo
Pico Isabel de Torres 790m
Sosúa
Islabon
Cruce de Veragua
182
Los Hidalgos
Guananico
Cabia
Monte Llano
El Choco
Los Circuelos
El Higüerito
La Catalina
Sabaneta de Yásica
La Caña
Gen
La Ermita
Rogelio
Magante
1083m
El Hoyazo
Camú
R. Yásica
Maimón
Altamira
Tubagua
Los Brazos
Cuesta Barrosa
Veragua
Maizal
Damajagua
La Lomota
Cañada Bonita
Jamao al Norte
Los Guaos
La Guanumeta
La Atravesada
Pedro García
Sonador
Lajas
Arroyo Blanco
R. Jamao
Bejuco Blanco
Joba Arriba
Navarrete
El Ranchito
La Paloma
Palma Herrada
Amina
Villa Gonzáles
Palmar Abajo
1070m
El Caimito
Puerca Gorda
Batey Amina
Jinamagao Abajo
Jacagua
Partido
El Toro
R. Boba
aguazuma
Piedra Gorda
Pontezuela Abajo
Cañada Clara
Río Amina
SANTIAGO DE LOS CABALLEROS
Puesto Grande
La Manigua
Alto del Yaque
Los Azules
Las Toronmas
La Malena
Cueata Abajo
Pastor
Sabaneta de las Palomas
El Arroyaso
El Jobito
Vidal Pichardo
Monte Adentro
Palo Amarillo
Cacique Soledad
Salcedo
La Lomaza
Zalaya
El Corozo
Gayetano Germosen
Los Bejucos
La Joya
La Penda
La Paja
José de las Matas
Pedregal
Janico
BacuiArriba
El Coco
La Cienaga
Baitoa
Las Uvas
Presa de Tavera
Cruz de Cenovi
Banaderos
Pinalito
Ranchos de Tavera
Licey
San Francisco
Diferencia
Barranca
Hoyo Viejo
Pontón
Tavera Abajo
Rincón de Piedra
Bayacanes
Jamo
Los Indios
Juncalito
La Guama
La Vega
Rancho Viejo
La Gina
Junguitos
MataGrande
2195m
Llano del Higo
Pontón
La Enea
Pimen
Donaja
Janey
Ranchito
Buena Vista
Jumunco
El Algarrobo
El Caliche
Limoncito
Cruce de A
Fantino
Parque Nacional Armando Bermúdez
Jarabacoa
Rincón
R. Yaque del Norte
Pinar Quemado
La Cana
3039m
La Ciénega
Los Corozos
Sabana del Puerto
La Piñita
Rodeo
Los Ranchos
Caballero
Paso Bajito
Parque Nacional José del Carmen Ramírez
El Bobo
Los Sancuses
Arroyo Prieto
Presa de Hatillo
Villa R
Josafá
La Pita
Jayaco Arriba
La Sabana
2732m
2379m
El Río
La Ceiba
Atalaya
542m
Suriel
Caribe
Cabirma
Masipedro
Hatillo
El Escuchadero
Bonao
Las Lagunas
Los Pinalitos
Fireo Arriba
Los Pedrogonés
Juma
Maimón
Tocoa
1823m
Constanza
Los Quemados
Los Tres Bocas
La Cucarita
El Tetero
Colonia Japonesa
La Union
Blanco
Los Botatos
Sonador
Los Martínez
Los Cedros
El Convento
Boca de Blanco
Piedra Blanca
2843m
Jurungo
La Jina
Arroyo Cano
Batey Yabocoa
El Rancho
Las Lagunas
Rincón de Yuboa
Piño Herrado
Vallecito Lechugilla
El Novillio
Bohechio
La Meseta
La Siembra
Sabana Quéliz
R. Nizao
La Ensenada
Juan Aldián
El Mo
Presa de Sabana Yagua
Guayabal
La Jina
Padre las Casas
Nizao
2673m
Palma Cana
Sabana Yegua
Arroyo Bonito
Mahoma
R. Jaina
Arroyo Grande
R. Las Cuevas
Naranjito
Florencio
Ha
Villa Altagracia
Villarpando
Naranjal
2582m
1570m
Las Avispas
Sabana de San Juan
Viajama
Arroyo Hondo
1521m
Arroyo Mina
Los Caimitos
Madrigal
Baitoal
El Pinar
Rancho Arriba
El Limonal
La Sabana
Benito
El Cidral
Magueyal
Amiama Gomez
Peralta
Abajo
Sabana Larga de Ocoa
Presa de Jigüey
La Cienaga
La Gu
vo de Cortés
Los Naranjos
La Cuchilla
Sajanoa
1121m
El Tamarindo
Carrizal
Rancho del Pino
El Pinar
Los Peñas
La Guanabana
Las Lomas
San José de Ocoa
El Guineo
Medina
Vuelta Grande
La Golondrina
Los Guanos
Los Anones
Ramón
El Memiso
La Colonia
La Atltagracia
1775m
El Cruce de Quince
Estebania
1691m
Cambita Garabito
Borbón
Los Jobillos
Las Charcas
Los Ranchitos
Los Ranchos
Cañaveral
Las Ranchitas
Presa de Valdesia
Grande
San Antonio
Galinda
Pueblo Viejo
Presa de Sabana Buey
El Matadero
Rosario
Honduras
El Recodo
1343m
Los Negros
Puerto Viejo
Bahía de Ocoa
Las Carreras
El Cruce de Ocoa
Iguana
Puerto Alejandro
Barrero
Galeón
El Limonal
Palmar de Ocoa
Baní
Lucas D
Bahía de Neiba
Sabana Buey
La Catalina
Bahía las Calderas
Paya
Matanzas
Punta Palenque
Mar Caribe
Las Salinas
Las Calderas

A
B
C
181
Playa Grande
Río San Juan
Laguna Gri Gri
Cabrera
Media Gorra
La Capilla
La Entrada
Baoba
Pueblo Nuevo
La Contera
Los Cajuiles
Santa Mariá
Sabana la Puerta
Caño Azul
El Pomos
El Cruce
Copeyito
R. Bacuí
Océano Atlántico
Los Naranjos
Las Gordas
Boba
El Guayabo
El Juncal
La Senda
Bahía Escocesa
Placer Bonito
Los Cacaitos
Nagua
Matancita
Las Piezas
Blanco
El Factor
La Peonia
Los Pajones
de Macorís
Higüero
El Pozo
R. Nagua
El Anón
Cruce de Rincón
San Felipe Arriba
Castillo
Cruce De Magua
El Aguacate
Rincón Molinillos
El Albanio
Arenoso
El Jobo
La Barca
Hostos
Villa Riva
La Reforma
Playa Bonita
Playa Cosón
Ceiba Bonita
Las Terrenas
El Portillo
La Barbacoa
546m
Monte Negro
El Limón
Playa Rincón
El Valle
Los Tococnes
La Guázara
La Casualidad
Punta Gorda
Las Garitas
Majagual
Los Robalos
Arroyo Barril
La Pascuala
Honduras
La Palmilla
Los Cacaos
Santa Bárbara de Samaná
Bahía de San Lorenz
Bahía de Samaná
Angelina
El Atoro
La Ceyba de los Pajaros
El Alto de Copa
Las Cien Tareas
Consúmidero
La Trocha
Cotuí
Batero
Majagual
Los Peralejas
Raza
Los Mapolos
Parque Nacional los Haïtises
248m
Sabana del Mar
Tio Pepe
Capitán
Las Ca
La Cruz
Cruce de Jagua
Lambedera
Loma Clara
El Valle
Zambrana Abajo
Emplanada de Tíofilín
San Pedro
Sabana Grande de Boyo
Carmona
Pedro Pablo
Arenita
Arroyón
Paso Chequién
Gonzalo
Batey Mejia
El Cabao
Cruce de la Elmhurst
Batey Vara de Capá
La Cueva
529m
Sabana del Medio
Piedra Chiquita
Colonia San Rafael
Aserrader
La Guazuma
Batey Frías
El Rancho
Los Cerritos
Sabana de Barrílolo
Boyá
Los Malangos
Grán Diablo
Serrallés
Cacique
Trinidad
Castellanos
R. Ozama
Batey Nuevo
Monte Plata
Comatillo
Pulgarín
Los Sorias
San Antonio
La Cuesta de Joba
La Guía
Malta Moreno
El Copey
El Puerto
Hato Mayor
Molino
Los Botados
Batey Los Jobillos
Las Guáranas
Buenos Aires
Luisa Paieta
San Francisco
Batey Hoyon
R. Yabacao
La Estrella
Batey Anita
Hato Vieja
La Estancia
Batey Guanuma
R. Sabana
Cruz de Valerio
El Salto
Batey Tabila
Sierra Prieta
Los Castillos
Las Parras
Batey La Plaza
Higüamo
Los Marenas
Los Llanos
Las Pajas
Suardí
El Pedregal
La Granja
Mata Caliche
Monte Coca
Arroyo Indio
San Felipe
La Victoria
La Jolla
Batey Copeyito
R. Casuí
Platanitos
Guayiga
Hornillo
Cabreto
Guerra
Quisqueya
Ingenio Co
Villa Mella
San Luis
Cruce de Cuenca
El Guayabel
Los Montones
Ramón Sant
La Isabela
Santa Cruz
El Toro
Batey El Ocho
Batey Cayacoita
La Laura
Hato Damas
Jardín Botánico
San José de Mendoza
El Marnón
La Vigía
Tintero
Monte Largo
San Pedro de Macorís
SANTO DOMINGO
La Ureña
Andrés
La Griega
La Pared
Acuario Nacional
Boca Chica
Hatillo
Haina
La Caleta
El Alemán
Guayacanes
Juan Dolio
Villas del Mar
La Punta Pescadora
Boca del Soco
Nigua
Bahía Andrés
San Cristóbal
Najayo
Bahía de Najayo
Díaz
Sabana Grande de Palenque
Mar Caribe
181
A
B
C

D
E
F
5
4
3
2
1
Colonia Agrícola Mencía
Los Charquitos
El Payaso
José Joaquín
Polo Magnético
Los Arroyos
Río Nizaíto
Bahoruco
Maniel Viejo
Las Mercedes
1308m
Pedernales
44
Bahía Honda
El Naranjal
Arroyo Dulce
Caletón
Enriquillo
Los Cocos
Cabo Rojo
331m
Colonia Juancho
Juancho
Manuel Golla
Bahía de Las Aguilas
Oviedo
Escobin
Parque Nacional Jaragua
Ensenada del Refugio
234m
Canal de la Beata
Mar Caribe
Las Galeras
La Guázuma
Manuel Chiquito
El Francés
Canal de Alto Velo
Bahía de la Jina
Cañitas
Magua
Miches
Los Cuatro Caminos
104
El Cedro
Sabana de Nisibón
Canal de de la Mona
Tedeche
Los Mosquitos
Batey Papagayo
El Díaz
Batey Arroyo Santiago
Los Tocones
El Eslabón
Loma del Limón
Sabana El Barrero
396m
Boca de Maimón
La Vacama
Higo Barbú
El Paso de Leal
Las Dos Bocas
Los Botados
La Zanja
Uvero Alto
Rancho Chiquito
107
La Laguna
El Macao
524m
R. Chavón
736m
Las Guajabas
El Cabao
Las Palmillas
La Colorada
Sabana de los Martínez
San Lorenzo
El Seibo
Sabana de Cuey
El Salado
La Ceiba
El Cortecito
513m
598m
Los Jobos
Melia Bavaro
Batey Treintecinco
Los Husos
Bonao
Tres Piezas
Bavaro
Hato de Mana
Anamuyita
El Peñón
Batey San Miguel
El Pintado
El Caracol
R. Soco
Algarrobos
Batey Ciento Seis
Bejacul
El Cerro
La Enea
Los Mangos
Manati Park
101
Otra Banda
Santana
Plaza
Sabana de Campiña
Batey Sabana de Chavón
Higüey
Cabo Engaño
Batey Campo Nuevo
Batey Vasca
Lechuga
Mata Chalupe
Magdalena
Consuelo
La Matilla
Jina Jaraguá
102
Don Francisco
Santana
Guerrero
El Mameyito
Borrachón
Batey Campiña
Culebra
Batey Palo Bonito
Punta Cana
Mizapato
Plumita Regajo
Higüeral
La Piñita
Juanillo
Batey Maraguá
Batey Cacata
Cueva de las Maravillas
Batey Gran Calle
El Junco
Los Muertos
Cumayasa K-4.5
San Rafael del Yuma
El Cabo
La Sardina
Los Cincos Caminos
Los Negros
La Romana
Altos de Chavón
Boca de Yuma
102m
La Boca deCumayasa
La Uvita
Bayahibe
Bahía de Yuma
La Fragata
La Tortuga
Parque Nacional Del Este
La Granchora
El Peñon
El Algibe
Catuano
Bahía Catalinita
Adamanay

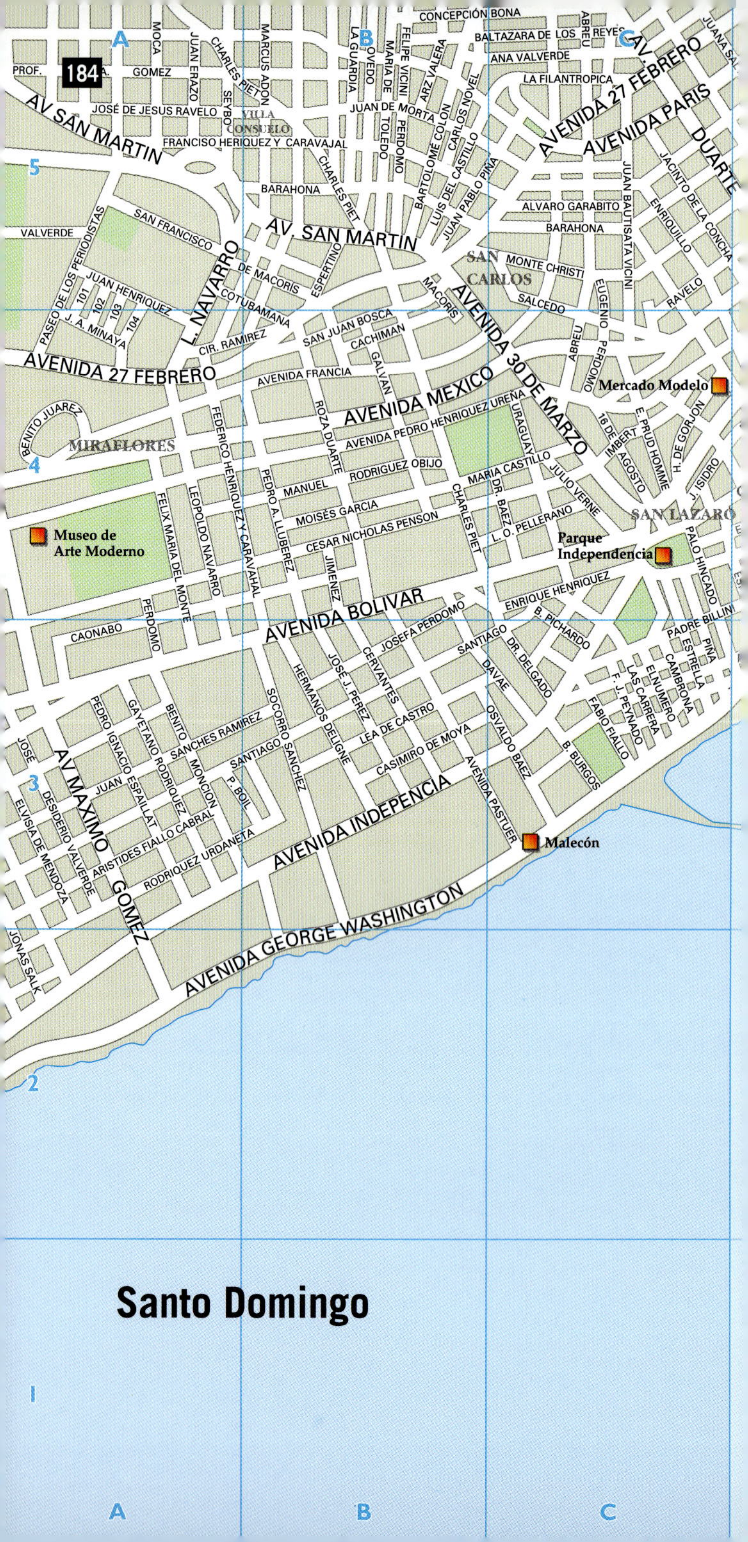
Santo Domingo
A
B
C
5
4
3
2
1
Museo de
Arte Moderno
Mercado Modelo
Parque
Independencia
Malecón
MIRAFLORES
SAN CARLOS
SAN LAZARO
VILLA CONSUELO
AV SAN MARTIN
AV. SAN MARTIN
AVENIDA 27 FEBRERO
AVENIDA FRANCIA
AVENIDA MEXICO
AVENIDA 30 DE MARZO
AVENIDA PEDRO HENRIQUEZ UREÑA
AVENIDA BOLIVAR
AVENIDA INDEPENCIA
AVENIDA GEORGE WASHINGTON
AV MAXIMO GOMEZ
AVENIDA PARIS
DUARTE
AVENIDA PASTUER
L. NAVARRO
CONCEPCIÓN BONA
BALTAZARA DE LOS REYES
ANA VALVERDE
LA FILANTROPICA
ABREU
JUANA SAL
PROF.
GOMEZ
MOCA
JUAN ERAZO
CHARLES PIET
MARCUS ADON
SEYBO
JOSÉ DE JESUS RAVELO
FRANCISCO HERIQUEZ Y CARAVAJAL
LA GUARDIA
OVEDO
MARIA DE TOLEDO
FELIPE VICINI PERDOMO
ARZ VALERA
JUAN DE MORTA
BARTOLOMÉ COLON
CARLOS NOVEL
LUIS DEL CASTILLO
JUAN PABLO PINA
BARAHONA
ALVARO GARABITO
JUAN BAUTISATA VICINI
JACINTO DE LA CONCHA
ENRIQUILLO
VALVERDE
SAN FRANCISCO
PASEO DE LOS PERIODISTAS
JUAN HENRIQUEZ
J. A. MINAYA
101
102
103
104
DE MACORIS
COTUBAMANA
ESPERTINO
CIR. RAMIREZ
SAN JUAN BOSCA
CACHIMAN
GALVAN
MACORIS
MONTE CHRISTI
SALCEDO
RAVELO
ABREU
EUGENIO PERDOMO
BENITO JUAREZ
FEDERICO HENRIQUEZ Y CARAVAJAL
ROZA DUARTE
URAGUAY
16 DE AGOSTO
IMBERT
E. PRUD HOMME
H. DE GORJON
J. ISIDRO
RODRIGUEZ OBIJO
MANUEL
PEDRO A. LLUBEREZ
MARIA CASTILLO
JULIO VERNE
FELIX MARIA DEL MONTE
LEOPOLDO NAVARRO
MOISÉS GARCIA
CHARLES PIET
DR. BAEZ
L. O. PELLERANO
CESAR NICHOLAS PENSON
JIMENEZ
PALO HINCADO
ENRIQUE HENRIQUEZ
B. PICHARDO
PADRE BILLINI
PIÑA
ESTRELLA
CAMBRONA
EL NUMERO
LAS CARRERA
F. J. PEYNADO
FABIO FIALLO
CAONABO
PERDOMO
JOSEFA PERDOMO
SANTIAGO
DR. DELGADO
DAVAE
CERVANTES
JOSÉ J. PEREZ
HERMANOS DELIGNE
SOCORRO SANCHEZ
LEA DE CASTRO
CASIMIRO DE MOYA
OSVALDO BAEZ
B. BURGOS
PEDRO IGNACIO ESPAILLAT
GAYETANO RODRIGUEZ
BENITO
SANCHES RAMIREZ
MONCION
SANTIAGO
P. BOIL
JUAN
JOSÉ
DESIDERIO VALVERDE
ELVISIA DE MENDOZA
ARISTIDES FIALLO CABRAL
RODRIQUEZ URDANETA
JONAS SALK

Río Ozama
Puente R. Matias
Villa Francisca
Museo de las Atarazanas
Alcázar de Colón
Plaza España
Museo de las Casas Reales
Hospital de San Nicolás de Bari
Panteón Nacional
Casa de Francia
Museo de Ámbar
Calle de las Damas
Calle El Conde
Catedral de Santa María la Menor
Museo de Larimar
Fortaleza Ozama
Convento de los Dominicos
Cuidad Colonial
Puerto Ozama
Faro a Colón
San Souci
Acuario Nacional
Mar Caribe
Avenida España
Av. Estados Unidos
Av Las Americas
Av Faro a Colón
San Pablo Duarte
Paseo Pres. Billini
Av Mella
Arz Merino
Josefa Brea

Puerto Plata
A
B
C
D
E
1
2
3
Fortaleza de San Felipe
Parque Central
Catedral San Felipe
Museo de Ámbar
AVENIDA GENERAL GREGORIO LUPERÓN
AVENIDA CIRCUNVALACIÓN NORTE
AVENIDA LUIS GINEBRA
JOSE RAMON LOPEZ
AVENIDA COLON
ESPIGON NUEVO
AVENIDA IMBERT
A. CIRCUNVAL
12 DE JULIO
30 DE MARZO
SANCHEZ
MELLA
SEPARACION
JOHN F. KENNEDY
BELLER
DUARTE
LUIS ESPINOSA
MARIANE L. V. HALL
SAN FELIPE
IMBERT
JOSE DEL CASTILLO
ANTERA MOTA
LOS JAZMINES
REGALADO
SALOME UREÑA
MARGARITA MEARS
DESCHAMPS
EUGENIO
DR. ZAFRA
16 DE AGOSTO
20 DE DICIEMBRE
EL MORRO
VILLA NUEVA
SAN JOSE
AVENIDA PEDRO CLISANTE
L. SUERO
LOS CASTELLANOS
PADRE
LA ALTAGRACIA
ROSARIOS
ABEL DE TORRES
J. E. KUNHART
AVENIDA VIRGINIA ORTEA
JUAN LAFY
AVENIDA 27 DE FEBRERO
FRANCISCO J. PEINADO
PROFESOR CERTAD
PRES. VÁSQUEZ
RAFAEL AGUILAR
VISTA ALEGRE
HNOS. SPIGNOLIO
HUGO KUNHARDT
P. SAJOMA
CLUB DE LEONES
TERESA SUÁREZ
CAMINO REAL
DOMINGUEZ
VÍA FÉRREA
ANTIGUA VÍA FÉRREA
TERCERA
LA VIARA
2
4
6
12

(a) alto; (b) baixo; (e) esquerda; (d) direita; (c) centro

A Automobile Association gostaria de agradecer aos seguintes fotógrafos, bibliotecas e museus por sua contribuição na preparação deste livro.
Primeira e última capa: (a) AA World Travel Library/C. Sawyer; (ca) AA World Travel Library/L. K. Stow; (cb) AA World Travel Library/C. Sawyer; (b) AA World Travel Library/L. K. Stow; Spine AA World Travel Library/P. Baker CPA/RON EMMONS 27t, 52, 70, 87t, 108, 111t, 128/9, 131, 165, 175e; ESCRITÓRIO DE TURISMO DA REPÚBLICA DOMINICANA 2(v), 3(iv), 6, 13b, 14c, 15t, 15c, 22c, 23t, 23b, 26c, 55, 58, 83, 85t, 86, 95, 113, 115, 130, 157, 158d, 162; MARY EVANS PICTURE LIBRARY 17t; GETTY IMAGES/HULTON ARCHIVES 10c; GETTY IMAGES/NEWS AND SPORT 28/9.
As demais fotografias fazem parte do acervo de fotos da Associação (AA PHOTO LIBRARY) e foram tiradas por CLIVE SAWYER, com exceção das seguintes:
D. LYONS 114; L. K. STOW 8b, 9b, 14b, 24/5, 45t, 48, 54t, 54b, 56, 68, 118b, 143, 146, 150, 166

Agradecimentos

O autor gostaria de agradecer a Sabrina Cambiaso, Carlos Rafael Batista Velázquez e Prudencio Ferdinand, do Escritório de Turismo da República Dominicana, por sua generosa ajuda durante a pesquisa para este livro.

Anotações Pessoais